La dama de la Libertad

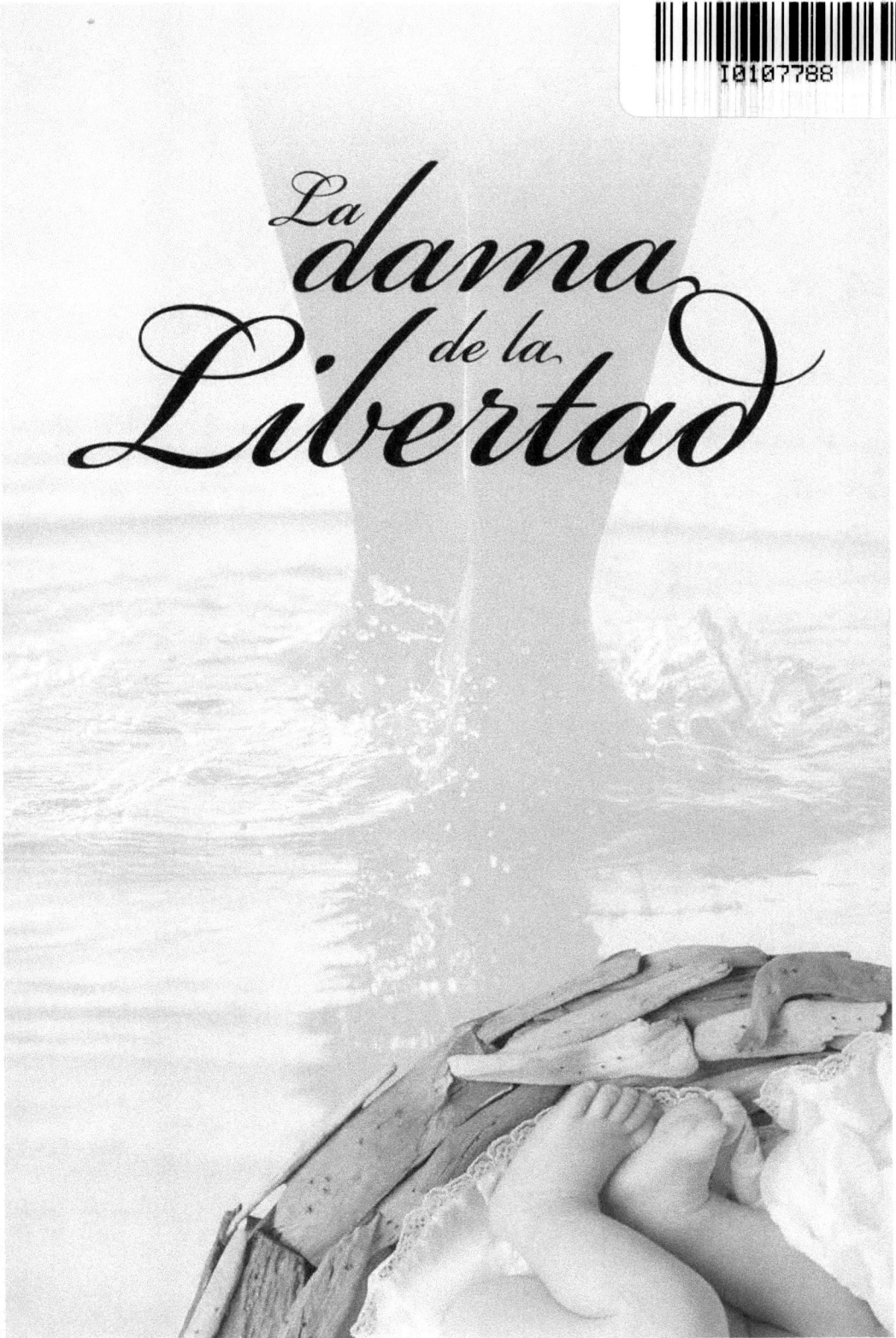

La dama de la Libertad

PROF. MARÍA DEL C. GUEITS

La dama de la libertad por Prof. María del Carmen Gueits Gallego
©2022 Derechos reservados

ISBN: 978-1-62975-042-2

E-book ISBN: 978-1-62975-043-9

Revisión Final: Dr. Miguel Ángel Zayas
Editorial Zayas
Santa Isabel, Puerto Rico/ La Habana, Cuba

*Pero el que mira atentamente a la ley perfecta,
la ley de la libertad, y permanece en ella,
no habiéndose vuelto un oidor olvidadizo
sino un hacedor eficaz, este será
bienaventurado en lo que hace.*

Santiago 1:25 LBLA

Dedicatoria

◇◇◇◇◇◇◇◇◇◇◇◇◇◇◇◇◇◇◇◇

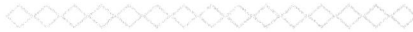

*A la Jocabed de mi vida y verdadera Dama De
La Libertad, mi madre, Ana María Gallego
Negrón. Quien muchas veces enjugó sus lágrimas
para entretejer hilo a hilo, parte a parte, el
vehículo que me llevaría a la libertad.
Ella es y será por siempre mi mayor
ejemplo de fe y esperanza en Dios.*

Prólogo

◇◇◇◇◇◇◇◇◇◇◇◇◇

Cada vez que inicio la lectura de un libro tengo la impresión de que emprendo un viaje a un país desconocido, y me embarga la misma emoción ante la expectativa de disfrutar de nuevos lugares, sabores desconocidos y sensaciones diferentes.

Algunos libros me trasladaron a lugares enigmáticos, otros a páramos donde prevalecía la intriga y el suspenso y alguno me llevó a pintorescos paisajes cargados de romanticismo y poesía.

Si tuviera que describir el escenario donde me situó LA DAMA DE LA LIBERTAD, el libro que estás a punto de leer dibujaría un cuadro en el que se conjugan un relato apasionante, una profunda labor de investigación bíblica, y altas dosis de ánimo, coraje y valentía.

La profesora María del Carmen Gueits ha logrado conjugar estudio, pasión e inspiración. El resultado es un volumen que educa, reta e inspira. Un libro que exhala valentía y nos empuja a defender la semilla que Dios depositó en nuestros corazones.

Con un estilo ameno, apasionado e impregnado de su amplia experiencia como docente, María del Carmen nos embarca en una travesía de la que saldremos, estoy seguro de ello, motivados a perseguir el propósito que Dios marcó para cada una y cada uno de nosotros.

Un rasgo distintivo de este libro es que no está escrito desde suposiciones o imaginaciones, sino desde la propia experiencia, pues la profesora Gueits habla de lo que ha vivido, y eso dota de peso y autoridad a sus palabras.

Leí varias veces el capítulo donde la autora establece como referente a un poderoso elefante que, sin embargo, vivía prisionero, no de una cadena, sino de un recuerdo. Esa escena me sumió en profunda reflexión, atizando la brasa de mi memoria y moviéndome a tomar decisiones y adoptar posiciones.

No será distinto contigo, te lo aseguro. Surgirás de esta lectura habiendo crecido y probablemente con el ánimo de aplicar cambios en tu vida.

Te sugiero que te aprovisiones de papel y bolígrafo -siempre lo he preferido al bloc de notas de mi dispositivo electrónico; soy un clásico, lo sé- para anotar aquellas frases y reflexiones que van a requerir varias lecturas.

Gracias, estimada María del Carmen, por este, tu tercer libro que con toda seguridad no será el último. Que tu mente siga destilando palabras y tus dedos capturándolas sobre el papel, para beneficio de las lectoras y lectores.

Sin más, damas y caballeros, pasen y vean. Siéntense y lean. Suban a bordo y disfruten de un viaje que les hará recalar en orillas de bendición y crecimiento.

—JOSÉ LUIS NAVAJO
PASTOR Y AUTOR

Agradecimiento especial

◇◇◇◇◇◇◇◇◇◇◇◇◇◇◇

El año 2019 fue un *"annus horribilis"* imposible de olvidar. Un tiempo desgarrador para mí. Debo admitir que mi estabilidad espiritual se vio seriamente sacudida y a punto estuve de sucumbir. En el ámbito físico estaba bien, pero viví las situaciones más inesperadas; cosas que nadie espera encontrar en los caminos del Señor.

Terminé devastada; al igual que José, me vi despojada de mi túnica de colores y arrojada a una cisterna. Completamente sola crucé un prolongado desierto que me condujo a prisiones inmerecidas. Pero fue justo allí, en aquel encierro permitido por Dios, que entendí Su propósito. A solas con Él, Su voz habló a mi vida: *"Levántate, toma lo que te oprime y camina"*. Su voz activó los reflejos que estaban inertes. Comprendí por fin que el propósito de Dios para mi vida era inalterable y que podría ser, al igual que Jocabed, la dama de la libertad de mi generación.

En el año 2020 publiqué parte de mis vivencias en *Reflejos* con la ayuda del Dr. Miguel Ángel Zayas. Fue una experiencia maravillosa firmar y trabajar juntos. Jamás nos vimos presencialmente, pues la pandemia del COVID 19 lo impedía. Desde las primeras palabras, hasta la firma del contrato y la posterior publicación, todo se hizo de forma remota. El señor Zayas nunca dudó de mi capacidad y fue pieza clave en esa primera experiencia literaria. En el 2021 llegó, también de su mano, mi segunda obra: *"Inalterables"*. Siete relatos de personajes bíblicos, que son claves en mi vida. Lo que las páginas de la Biblia cuentan sobre estos hombres y mujeres forjaron fortalezas de sabiduría y fe en mí. Lo plasmé en *"Inalterables"* con el objetivo de afirmar a los lectores en la certeza de que Dios usa a quien Él quiere y como Él quiere.

Una bendición de Dios haber trabajado junto al Dr. Miguel Ángel Zayas y Editorial Zayas, radicada en Puerto Rico. Agradezco y recomiendo esta entidad que funciona bajo el lema: *"El mundo espera; publícalo"*.

Finalizado el 2021 ya se fraguaba el proyecto que ahora sostienes en tus manos. Una certeza irrebatible nació en mi vida: No soy aquella a quien le arrebataron su túnica de colores, negaron, encerraron en una cisterna y dejaron desprovista. Eso fueron solo circunstancias que Dios utilizó para llevarme a ser la dama de la libertad. Parecían prisiones oscuras, pero eran la escuela donde Dios me hizo entender mi propósito en esta tierra.

Tengo claro que el contenido de este libro traerá liberación a mujeres, que como yo, estuvimos marcadas por un sinnúmero de acontecimientos que buscan cancelar la semilla que Dios ha depositado en sus vientres espirituales.

La temática era tan relevante que pedí a Dios un mentor para llevarla a cabo. Cuando sabes que lo que Dios te ha dado es una verdadera arma contra las asechanzas del enemigo, se necesita un mentor. Alguien con un corazón semejante al de Dios que te guíe. Que entienda y se comprometa a caminar paso a paso contigo. *"Por favor, Señor, hazlo tú*

-oré-. *Conéctame a un mentor conforme a tu corazón y que se comprometa con mi propósito"*.

En cuestión de minutos, mi esposo me habló del Pastor José Luis Navajo y su escuela de escritores ÁGORA LITERARIA CREATIVA. Aprendí de mi pastora Waleska Méndez que hay oportunidades de Dios que no podemos dejar pasar. Escribí a través de Messenger y recibí inmediata respuesta del Sr. Navajo y el tan esperado ¡Sí! que necesitaba escuchar.

Comenzamos a trabajar aun cuando un océano inmenso nos separaba. Hemos desarrollado una conexión maravillosa, llorado y reído juntos. No tengo palabras para describir lo que este gran ser humano ha producido en mi vida. Pulió el sueño, guiándome desde la primera sílaba hasta el punto final.

ÁGORA LITERARIA CREATIVA es una idea de Dios sembrada en el corazón y la mente de uno de sus más excelentes maestros.

Un reconocido escritor cara a cara con una escritora incipiente. Mi agradecimiento sincero a quien me acompañó en el camino, y a Dios que lo permitió.

Introducción

◇◇◇◇◇◇◇◇◇◇◇◇◇◇◇◇

Mujer tú lo das TODO. A todos llegas y ayudas. Los animas y te entregas. Vives dando tu corazón, hasta que un día dejas de hacerlo.

Dejas de dar, porque te sientes vacía. No diste, sino que te diste.

Entonces ves como todo cambia. Te juzgan y señalan porque no llegaste el día que te esperaban. Rompen tu corazón sin recordar nada de lo que hiciste. Se alejan. Se desprenden de ti y ni siquiera se giran a verte.

Estás rota, pero no les importa… quebrantada, mas no lo notan. Tu alma se deshace, pero no lo perciben; solo se fijan en que no estuviste donde debías, o más bien, donde ellos esperaban, y tú que siempre los ayudaste, suplías sus necesidades, te esmeraste en abrazarlos en sus momentos de dolor, respaldarlos, honrarlos, bendecirlos… ahora te encuentras sola. Totalmente sola.

Estás donde ellos estuvieron. En el momento en que debe haber una "misma ", una "tú misma" que llegue a socorrerte, abrazarte, darte la mano, porque lo necesitas tanto como ellos te necesitaron.

Te quedas esperando… ¡No llegarán!

Ellos no llegarán, porque solo estás tú.

Es entonces cuando entiendes que tienes que seguir, "contigo misma". Debes levantarte por encima de tu desilusión y decepción, para seguir adelante. Tienes que resurgir de tus cenizas y con dolor en el alma llegar donde están a decirles, "aquí estoy".

Tus lágrimas se quedan en la habitación, y tu dolor lo dejas a los pies del Señor. Entonces te ven llegar... una vez más te ven llegar y dicen entre sí: - "aquí no ha pasado nada"-. Llevas en lo más recóndito de tu corazón las palabras que pronunciaron contra ti, pero no les dejas saber cuánto te hirieron. Te duele cada vez que las recuerdas. Te rompe en mil pedazos. Sabes que no han cambiado y decides callar.

Callas.

Te quedas en silencio. No te defiendes. Sabes que si lo haces usarán un sinnúmero de excusas que solo a ellos satisfacen, y agravan tu dolor.

No pierdes el tiempo buscando justicia... Dios es tu justicia.

Te ven llegar y siguen recibiendo de ti, exactamente como antes. Tu servicio no ha cambiado. Vivirán creyendo que nada cambió, porque ellos... son iguales. Pero tú..., tú sí cambiaste, has evolucionado. No eres la misma. Lo que te hirió hasta partirte el alma, te hizo más fuerte.

Creyeron que te destruía, pero en realidad te construía.

Pensaste que el proceso te incapacitaba, pero estaba capacitándote.

Sus señalamientos ya no te hieren. Sus indirectas no te ofenden... Eres una mujer resiliente: La dama de tu libertad y tienes a tus pies las cadenas que una vez te aprisionaron.

SÍ, a tus pies, porque ya están rotas; no te atan a ellos ni a nadie. Te levantas porque decidiste pisar sobre tus circunstancias. Lo que quiso aplastarte ahora es tu alfombra. Activas tus reflejos, tomas las promesas de Dios en una mano y la antorcha de tu independencia en la otra.

Sostienes tu lámpara porque hay aceite fresco que destila en ti. Nada ni nadie lo puede extinguir. Podrán relegarte de una posición terrenal o familiar, pero sigues siendo la ungida de Jehová, eso no te lo podrán quitar. Nada ni nadie lo puede anular.

¡Tu propósito es inalterable! ¡Se cumplirá y será visible!

Soy la Profesora María del Carmen Gueits Gallego y estoy decidida a ser la dama de mi libertad. Estoy "rota", quebrantada en mil pedazos, pero construyendo mi futuro y dejando un legado en los míos. No hay placas en las paredes de mi casa con reconocimientos por lo que he hecho, pero hay declaraciones de fe. No aspiro al premio Nobel de la literatura. Aspiro a ser la dama de la libertad de mi generación. Construyo un legado para mis hijos y para los hijos de mis hijos de certeza y confianza en Dios y en el poder de su palabra. Mis generaciones sabrán que nada ni nadie podrá cancelar el propósito inalterable de Dios para sus vidas. Me levanto como dama de la libertad para que mis hijos y sus hijos sean libertadores.

Prefacio

◇◇◇◇◇◇◇◇◇◇◇◇◇◇

Tu mirada ya no se fija en aquellos que una vez te hirieron y aunque nunca te lo dirán, saben que te perdieron, y muy en su interior lo lamentan grandemente, pero no lo reconocerán, simplemente no han cambiado. Ahora tu mirada está fija en el propósito de Dios para tu vida, el desierto abrió tus ojos y te hizo ver tu futuro profético. Estás enfocada, pero en su opinión tienes la mirada perdida. Buscarán verte a los ojos, pero no verán a quien antes veían. ¡Nunca más te verán, porque ya no eres igual! Para ellos eres desconocida, pero en lugares que jamás imaginaste eres reconocida. Fuiste escogida y señalada por Dios para vencer. ¡Párate firme, mujer de Dios! Apodérate de sus promesas, esa es tu carta de derechos y declaración de independencia. Levántate y resplandece. Cobra fuerzas, sécate las lágrimas, levanta la antorcha y declárale al mundo tu libertad. Los momentos difíciles cambiaron tu nombre. En adelante serás la dama de la libertad. Acciona en tu propósito. Hay algo que hacer, y tienes que hacerlo "contigo misma".

"El desierto te abrió los ojos y te hizo ver tu futuro profético"

La crisis te catapultó. Te abrió camino. Activó a la guerrera que llevas dentro. No te impulsa la venganza, tú no eres así; superaste la etapa del resarcimiento. No pronuncies declaraciones contra ellos. ¡Bendícelos! Devuelve hospitalidad a cambio de hostilidad. ¡Bendícelos! Haz sonar tu arpa una vez más. Toca el arpa como lo hacía David para sanar a Saúl. Tócalo en silencio y esquiva las lanzas, porque te devolverán armas a cambio de música. En ocasiones bendecir a quien te canceló es la piedra que golpeará su cabeza, pues saben que no te merecen. Sal del anonimato y conviértete en la dama de la libertad. Tienes un poder en tus manos que debes ejercer.

> *"En ocasiones bendecir a quien te cancela es la piedra que golpeará su cabeza, pues saben que no te merecen"*

El punto final que alguien quiso poner a tu ministerio será el inicio de un sinnúmero de nuevos proyectos que emprenderás para Su Gloria. Los merecidos aplausos, "llegarán"; te aseguro que los recibirás. ¡Déjalos! ¡No te desenfoques! Mira al blanco de tu soberana vocación que es Cristo Jesús. Comienza a construir un legado de amor y servicio. Constrúyelo, aunque no te queden fuerzas. Trabaja en silencio y Dios te susurrará al oído la nueva página que debes escribir. Él te dirá como entrelazar tu pasado con tu presente para alcanzar tu futuro profético.

Así como Jocabed...

Tu generación tendrá un legado: Serán libertadores de su pueblo. El gran libertador: Moisés, antes de serlo, fue hecho libre por una dama de la libertad: Ella no se detuvo ni permitió que las circunstancias arruinaran el destino profético de su hijo. Determinó construir con sus manos el vehículo que llevaría a su hijo a la libertad. Tal vez lloró, pero secó sus lágrimas para edificar. Tuvo miedo, pero superó sus temores.

¡Los venció creyendo, luchando, dejando de llorar y activando su propósito!

Pelea así tus batallas: cesa en tu lamento y actúa.

Vence tus temores internos. Si lo logras, vencerás también a Faraón. Jocabed superó sus miedos, y por vencerlos, su hijo alcanzó el propósito divino: ser el libertador de su pueblo. Así que el libertador, antes de serlo, tuvo a una mujer decidida a no ceder. Jocabed sacó a la guerrera que llevaba dentro hasta convertirse en la dama de la libertad.

¡No te quites, no permitas que te venzan! ¡Mujer, construye! No abandones tu lugar. Resiste un poco más.

Aún si tu hijo llegase a manos de la egipcia (Éxodo 2:6), será libre y se alzará en libertador, porque tuvo una madre que, por encima de sus circunstancias, venció. Un legado de libertad convertirá a los tuyos en héroes y conquistadores.

Párate firme, sostén tu carta de independencia, levanta tu antorcha. Álzala, alta y visible.

¡Mujer; conviértete en la dama de la libertad!

> *"Un legado de libertad convertirá a los tuyos en héroes y conquistadores."*

Índice

CAPÍTULO 1

La libertad

tiene rostro

de mujer

Pero el que mira atentamente a la ley perfecta, la ley de la libertad, y permanece en ella, no habiéndose vuelto un oidor olvidadizo sino un hacedor eficaz, este será bienaventurado en lo que hace.

SANTIAGO 1:25 LBLA

Hace un tiempo fui invitada a presentar mi primer libro "Reflejos" a un Congreso de Mujeres en la ciudad de Bayamón. El tema del Congreso era "Obra Maestra". Por alguna extraña razón para mi intelecto, pero no para la maravillosa y sorprendente soberanía de mi Dios, inmediatamente, como un relámpago, me vino a la mente la Estatua de la Libertad.

Me resistí, pues no me convencía a mí misma que debería usar un altar para hablar a las mujeres de la Estatua de la Libertad, incluso pensé que mal interpretarían mis palabras y pensarían que estaba llevando un mensaje algo feminista.

La lucha entre la Estatua de la libertad y esta servidora siguió por varios días hasta que, como Samuel, me rendí a su maravillosa voz y le dije al Señor, -díctame que tu sierva oye.

Comencé a estudiar la emblemática escultura situada al sur de la ciudad de Manhattan en Nueva York. Si bien es cierto, que es uno de los monumentos más famosos, también es cierto, que puede ser considerada una obra maestra de la arquitectura.

Descubrí los siguientes datos en mi búsqueda:

- Su nombre real no es la Estatua de la Libertad porque el diseño original no era la representación de una figura estática. Lo de "estatua" no iba en su nombre. Su nombre real es: "La libertad iluminando el universo".
- Es un símbolo patrio de los Estados Unidos y uno de sus monumentos más visitados y respetados, sin embargo, no fue un estadounidense quien lo diseñó.
- Su propósito fue sellar la amistad entre Francia y los Estados Unidos.
- El rostro de la Estatua de la Libertad o la "Libertad iluminando el universo", se originó en los rasgos faciales de la madre del artista que la diseñó.
- Su mirada es hacia los siete mares, y su corona apunta a los continentes, dando a entender, que la libertad es para todas las generaciones. Cada uno de los siete rayos de la corona representa los siete océanos y los continentes del mundo. Según se dice, esto simboliza el concepto universal de libertad.
- Si pensabas que solo era un enorme trozo de metal sin ningún uso, te equivocas. Durante un tiempo se usó como faro para guiar a los barcos de vuelta al hogar tras un largo viaje por el océano.
- En sus pies aparece una cadena rota, símbolo de la abolición de la esclavitud.
- Miss Liberty sostiene en su mano izquierda la Declaración de Independencia de los Estados Unidos, y en su mano derecha sostiene una antorcha,

representando la luz que prevalece a través de la historia de una nación.

- Se dice que la *antorcha* es símbolo de resistencia.
- La cadena rota, desaparece bajo sus vestidos y reaparece en la parte delantera de su pie izquierdo, con su último eslabón roto.
- La estatua tiene uno de sus pies levantado, dando entender, que la mujer que representa la libertad siempre va avanzando.
- Aunque no las podrás ver a simple vista, a los pies de la estatua, se hallan unas cadenas rotas que simbolizan el país alejándose de la opresión y la esclavitud. Además, avanza el pie derecho hacia una nueva era de libertad.

Definitivamente ignoraba estos detalles del majestuoso monumento, y a pesar de que los mismos me impresionaron, aún no captaba qué enseñanza bíblica podía entrelazar con todos estos detalles y simbolismos de la Estatua de la Libertad. Cuando eres un apasionado de la Biblia, de sus historias y de sus enseñanzas, nunca dejarás de descubrir tesoros escondidos de sabiduría y de crecimiento espiritual.

Mi búsqueda me llevó a descubrir un tesoro oculto, en la historia de una mujer humilde, a quien Dios le plació bendecir su vientre con una semilla que alteraría el curso de su nación. Lo encontré en una de las historias más estudiadas, comentadas, predicadas y enseñadas. Tal hallazgo cambió mi vida. Me refiero a la "dama de la libertad" de las Escrituras. Desde entonces decidí imitarla, parecerme a ella y defender el fruto de mi vientre.

Ella no aparece en las páginas de la Biblia como una estatua. Ella definitivamente no era una mujer estática. Su rostro coincide con el de Miss Liberty porque era madre de tres hijos. Su mirada, no se orientaba a los siete mares, sino que escondida tras unos arbustos, observaba fijamente el cauce de un río. En sus manos aún quedarían algunas ramas de juncos, brea y asfalto. Materiales que utilizó para construir el vehículo que llevaría a su recién nacido a la salvación.

Esta dama de la libertad, contrario a la emblemática estatua, llevaría en una de sus manos, la promesa de libertad para su generación. En sus pies también tendría cadenas rotas; las que ataban a su nación, las cadenas con las que un cruel y malvado faraón cauterizaba a su pueblo. Ella pisaba las riberas de un río plagado de cocodrilos y cadáveres de niños vilmente asesinados. Junto a ella, no podría faltar, aquello que sus manos construyeron para salvar la semilla del que sería el gran libertador de su pueblo. No tendría levantada una antorcha, sino que sostendría un bebé escogido por Dios para erigirse en libertador. Como seguramente has adivinado, estamos hablando de Moisés.

La libertad de una nación tuvo rostro de mujer. La Biblia presenta al libertador, pero también a la "dama de la libertad", quien preservó su vida. Pocas veces se habla de ella utilizando su nombre, pero el historial de esta dama es impresionante. No figura en nuestro retablo de notoriedades, pero en el cielo se le mira con respeto, y es que son los actos, y no el nombre, credencial o título, los que identifican a alguien como héroe.

Con frecuencia tu nombre no determina tu identidad. A menudo este no coincidirá con el propósito inalterable de

Dios para tu vida. Podrán llamarte Jabes (significa dolor), pero ese no es tu futuro profético. Romanos 8:28, mi versículo favorito dice: *"Y sabemos que a los que aman a Dios, todas las cosas les ayudan a bien, esto es, a los que conforme a su propósito son llamados."*

Es muy interesante que la palabra griega para *"propósito"*, *"prosthesis"*, es la misma que se utiliza en la Biblia al referirse a los panes de la proposición, que servían para representar a las doce tribus de Israel, e impulsaban al pueblo a ir "hacia adelante", en pos del Todopoderoso.

El propósito de Dios para nosotros es inalterable. Él tiene un plan para tu vida; una meta, un objetivo preciso y también precioso.

No se le menciona en predicaciones, pero a menudo se elogia su acto de valentía. Ni la Biblia es pródiga en nombrarla, solo lo hace dos veces. Tal vez por eso muchos desconectan su nombre de su heroicidad.

La fe de nuestra dama de la libertad muestra a alguien que pese a ser desconocida, fue escogida por Dios para un propósito extraordinario.

Su nombre: Jocabed.

Ella es recordada por ser la madre de Moisés, el libertador del pueblo de Dios, pero sobre todo por moverse en fe y cuidar "del escogido" cuando desde su vientre fue sentenciado a muerte. Una mujer recordada por su gran fe. Tener fe es creer, pero poseer una gran fe es avanzar a pesar de toda contradicción y de no ver lo que creemos. Es ir por encima de toda circunstancia. Levantarte contra toda opresión y arrebatar al enemigo lo que te quiere robar.

Al analizar la vida de esta humilde mujer, encuentro verdaderas perlas de sabiduría. Toda mujer que desee ser dama de su libertad debería aprender de Jocabed, una mujer sencilla, de carácter humilde, y que fue llamada por Dios para que cumpliera un propósito extraordinario. Dios es todo un experto en convertir gente ordinaria en líderes, siervos e instrumentos extraordinarios. ¿Te has parado a pensar que la matriz de Jocabed fue la respuesta a las súplicas de toda una nación? ¡Esto es impresionante!

> *"Tener fe es creer, pero poseer una gran fe es avanzar a pesar de toda contradicción y de no ver lo que creemos"*

Aquel útero gestó la semilla que más adelante se transformaría en "el que hablaba con Dios cara a cara, como un hombre habla con su amigo", así define la Biblia a Moisés (Éxodo 33:11).

Su vientre fue bendecido para bendecir, una matriz convertida en el depósito de bendición divina para toda una nación.

Jocabed era esposa de Amram, y era descendiente de la casa de Leví. Nació en Egipto, pero no era egipcia. Vivió en tiempos de esclavitud, pero determinó que quería ser libre. Me encanta su historia: junto a su esposo fraguan la estrategia que preservaría la vida de su hijo, pero fueron sus manos las que construyeron el vehículo de la libertad. Y es que aquel que le cree a Dios, hace suyas sus promesas y actúa como dice Santiago 1:25, - "no como oidor olvidadizo, sino como constructor eficaz"-, sabe moverse en su dolor presente, avanzar en medio de amenazas, y luchar por un futuro de libertad.

Jocabeb vivió un embarazo sumamente difícil, no en lo fisiológico, sino en lo político. Lo que su vientre albergaba representaba una amenaza para el hombre más poderoso de la tierra en aquel tiempo: Faraón. Eso supuso persecución y amenazas de muerte hacia la vida que albergaba en su seno la dama de la libertad. Las amenazas de muerte contra su semilla eran una realidad difícil de enfrentar. Faraón ordenó la ejecución de todo niño hebreo que naciera. Humanamente, no había futuro para su semilla. Imposible que germinara, y diera el fruto de libertad que Dios había determinado. En el ámbito humano no había esperanza, pero en el propósito divino la semilla alcanzaría su destino profético. Ahí nacen los verdaderos héroes de la fe. En medio del dolor nuestra fe es probada y nace la dependencia de Dios. Pero es justo en ese punto donde muchos abandonan y dejan morir la semilla. Ahí, justo ahí, es donde y frente al gigante, debes mirar a tu Dios.

¿Cómo puedo explicarte esto?

Contemplas al faraón con tus ojos naturales, -es absurdo pretender ignorarlo, pues su furia es real, pero con los ojos espirituales aprecias la grandeza de Dios, esa absoluta majestad tampoco debes ignorarla. Por eso Santiago dijo: "el que mira atentamente la ley de libertad y permanece en ella, no como oidor olvidadizo. (Santiago 1:25).

¿Será que a veces olvidamos su poder? ¿Será que en ocasiones estamos tan desenfocados que solo apreciamos la furia del faraón? ¡Demasiados oidores olvidadizos entregan sus semillas al faraón! ¡Demasiados contemplan al opresor y abandonan! ¡Muchas mujeres...! ¡Demasiadas, han dejado ahogar sus semillas!

CAPÍTULO 2

Preservando

la

semilla

*Por la fe, cuando nació Moisés, sus padres
lo escondieron durante tres meses...*

HEBREOS 11:23 NBV

Jocabed llevaba en su vientre un embrión de libertad no solo para su nación, también para generaciones venideras. Nuestros vientres son semilleros de bendición. Debes saber que Dios deposita en ellos semillas que sanarán nuestro presente y cambiarán nuestro futuro.

Asimila lo siguiente, es importante que sepas que Dios depositó en tu vientre:

- Una semilla que cerrará ciclos de esclavitud.
- Semillas que son la respuesta que muchos esperan y que lograrán transformar naciones.
- Dios depositó en tu vientre semillas que producirán libertad para nosotros, pero también para otros.
- Dios depositó en tu vientre semillas que debes cuidar, porque se convertirán en un bosque de oportunidades para otros. Estas semillas, por representar la libertad de naciones, suponen una amenaza para el enemigo. Por esta razón este firmará un edicto de muerte antes de que la semilla germine.
- Dios depositó en tu vientre semillas que crecerán, pero tocará dejarlas ir pues son el legado de próximas generaciones, y el bendito germen que

transformará naciones y restaurará vidas, pues vienen a abrir nuevas oportunidades.

- Dios depositó en tu vientre tales semillas, pero ahora precisa de una mujer de fe, que se levante y ocupe su lugar frente al adversario. Esa semilla no solo cambiará tu vida, también cambiará tu nombre.

Dios escogió sembrarlas en la mujer, porque conoce el poder que emana de ella cuando decide creerle a Dios y perseguir Su propósito.

Tal fue el caso de Jocabed. Ella no se intimidó, ni permitió que las amenazas de muerte urdidas contra el hijo que albergaba en su vientre la paralizasen. Por el contrario, actuó con osadía, arrojo y denuedo frente a un decreto de muerte. No todas son como ella, es cierto que no son demasiadas las madres que luchan para preservar la semilla de la furia de Faraón. Ojalá no fuesen tantas las que cedieron su tesoro, permitiendo que el enemigo cancele el propósito divino en sus hijos. Sin embargo, puedo asegurarte de que aún queda una generación de mujeres que como Jocabed, determinan enfrentar a Faraón.

> *"Dios escogió sembrarlas en la mujer, porque conoce el poder que emana de ella cuando decide creerle a Dios y perseguir Su propósito"*

El enemigo tiene poder, pero Dios es Todopoderoso.

Claro que el decreto de muerte nos hace temblar, pero, aun así, nuestras trémulas manos construyen la embarcación que salvará la semilla. Temblamos, ¡sí!, pero del temor surge una fuerza que nos activa, llevándonos en fe para arrebatar al enemigo lo que más amamos.

Temblorosos, pero avanzando. Convulsos, pero con fe. Aún con ojos anegados, miramos al cielo y declaramos: Todo lo que el enemigo nos robó, Dios lo devolverá multiplicado.

CAPÍTULO 3

De cementerios

a

maternidades

Entonces el Faraón ordenó a su pueblo que
echaran al río Nilo a todo niño hebreo que naciera,
pero que a las niñas las dejaran con vida.

ÉXODO 1:22 (NBV)

Jocabed, la madre de Moisés desafió las órdenes de un
gobernante tan poderoso como despiadado, que cons-
piraba contra su semilla. Pero ¡asómbrate!, tras esa
imponente apariencia se escondía un ser medroso y amila-
nado. ¡Un verdadero cobarde!

Analiza el caso: Faraón disponía de un incontable ejército. Miles de soldados totalmente pertrechados, pero tem-
bló ante la diminuta semilla que albergaba el vientre de
nuestra dama de la libertad.

Por eso insisto, nunca subestimes el poder de tu semilla,
pues el enemigo la teme. Buscará ahogarla porque no ignora su poder. Lo que albergas en tu vientre: tus hijos, o en
tu alma: esos sueños y proyectos que Dios hizo germinar
suponen un arma letal contra los planes del enemigo.

"No ignores la enormidad de
gloria que palpita en tu vientre.
Llevas la respuesta de libertad
que tu generación necesita"

Ese fruto resultante marcará punto y final a un largo periodo de esclavitud.

El empeño de Faraón por destruir tu semilla radica en que tiembla horrorizado ante el poder que ésta tiene en su interior. Si permite que germine se sabe aniquilado, destruido, avergonzado... Por eso es esencial, mujer, que no ignores la enormidad de gloria que palpita en tu vientre. Llevas la respuesta de libertad que tu generación necesita.

Pero tan importante o más que conocer el potencial, es que consideres lo siguiente:

- Tu semilla es una amenaza para los planes futuros del enemigo.
- El enemigo la detesta y atentará contra ella para cancelarla.
- Y lo más importante: El destino profético de tu semilla, depende de tu empeño en preservarla hoy, para que su poder se despliegue mañana. Si la defiendes en el presente afectará de forma gloriosa el futuro.
- Jamás lo dudes, tienes un papel esencial y determinante en el futuro profético de tus descendientes. Tu posición hoy condicionará la suya, mañana.

Regresemos un instante al episodio histórico que estamos analizando: Un gobernante tan tiránico como poderoso, tiembla ante una raza que confía en Dios. Sobrecogido por el pavor y movido por un corazón absolutista decreta la muerte sobre todo varón que en ese tiempo naciera de un útero hebreo. Pero ¡sorpresa!, el resultado es contrario a lo esperado: Cuanto más oprimen al pueblo escogido, más se fortalece. El resultado de la conspiración y del asesinato, es que los hebreos crecen y se multiplican.

¿Por qué?

Porque el enemigo puede amenazar, ese es su límite, pero el resultado final siempre será derrota para él.

Te ruego que al leer esto siguiente, más que leerlo lo escuches: Seiscientos años antes de que Jesús naciera, Dios hizo llegar una sublime promesa para toda mujer. "Mi espíritu derramaré sobre tu generación, y mi bendición sobre tus renuevos" (Isaías 44:3).

> *"El enemigo puede amenazar, ese es su límite, pero el resultado final siempre será derrota para él"*

No te asustes si de la boca de un enemigo, aunque fuera poderoso, salen amenazas de muerte o decretos de traición contra tu semilla. Busca intimidarte y confundirte. Si lo logra, alcanzará su objetivo.

Decide dar más valor y crédito a lo declarado por Dios: Bendición sobre tus renuevos. Cuanto más carga el enemigo quiera aplicar, más bendición reposará sobre ti y los tuyos.

Se requiere de fe, mucho más que de palabras. Tienes la capacidad de hacerle guerra silenciosa, pero poderosa.

¿Quién dijo que era necesario alzar la voz? Faraón tiembla ante un confiado silencio. *"Bueno es esperar en silencio la salvación de Dios"* (Lamentaciones 3:26).

¿Quién dijo que precisamos armas similares a las suyas? *"No es con ejército ni con fuerza, sino con mi Espíritu, dijo el Señor"* (Zacarías 4:6).

¿Quién dijo que una mujer no puede vencer al faraón y a todo su ejército? *"Esta es la victoria que ha vencido al mundo: nuestra fe"* (1 Juan 5:4).

Es el arma más poderosa que pueda tener una mujer: su fe en el Dios que le ha otorgado una capacidad magistral para crear y restaurar.

En lo que a mí concierne, esa es mi arma de guerra. Así es como peleo mis batallas. Déjame que te abra el corazón casi en una confidencia: Me inquieta el moderno énfasis que hoy predomina en demasiados círculos eclesiales, donde parece que para que una mujer proyecte autoridad, debe desprenderse de ese tesoro tan único con que Dios la ha coronado: su femineidad. Temo que pretendemos que la unción venga en un grito, y por eso gritamos. Pero el silencio de una dama tocada por Dios puede proyectar autoridad del cielo en estado puro. No es gritar, es actuar. La mujer no tiene que dejar de serlo para ser instrumento de Dios. No requiere de refuerzos artificiosos, simplemente, activar el poder creativo que Dios puso en sus manos.

El edicto estaba firmado; un decreto de muerte redactado con frases de acero: apenas naciera su hijo, lo arrancarían del regazo de su madre para arrojarlo a un río infectado de cocodrilos.

Nuestra dama de la libertad estuvo de parto en medio de una crisis sin precedentes. Alumbró vida entre proclamas de muerte. Jocabed era una madre común, con el instinto maternal de cualquier mujer. Su sueño, proyecto e ilusión se concretaban en parir un hijo, abrazarlo, mecerlo en sus brazos, cobijarlo en su seno y regocijarse mientras le brindaba los cuidados que toda madre ama dispensar a su bebé. Sin embargo, el eco de las amenazas la atronaban y la sombra de la muerte se cernía como un manto de plomo, queriendo ahogar los destellos de la maternidad.

> *"Cuando alguien decreta muerte contra tu semilla es porque es una amenaza contundente contra sí mismo."*

¿La razón? Aquel diminuto bebé representaba una amenaza para el imperio. La persona más poderosa del reino veía amenazados su ego y posición. La tiranía no admite injerencias y aquel niño lo era. Sobre el bebé brillaba un destino profético: traería libertad al pueblo oprimido durante cientos de años. Faraón no titubeó, el libertador debía ser eliminado apenas naciera.

Aquella cruenta amenaza no obró en Jocabed lo esperado, sino que tuvo un efecto contrario: Lejos de bloquearla, la hizo avanzar. En vez de arredrarse, salió del anonimato. No se dejó vencer, sino que se sobrepuso a la adversidad y dio los pasos necesarios para culminar la gran hazaña.

Jocabed no desistió. Honrar a Dios fue su bandera y llevar a su hijo al propósito de Dios fue su objetivo. Cuando honrar a Dios, creerle y avanzar en Su propósito son nuestra táctica, no tengas duda de que el cielo conspirará a nuestro favor, y los recursos divinos estarán disponibles.

La cobardía no honra a Dios, ni tampoco la inmovilidad. Se le honra desde la actividad sincronizada con el cielo. Se le honra desde la decisión de preservar nuestra semilla y perseguir su propósito. Se le honra desde la plena confianza en que hará lo que propuso, pese a quien pese, y cumplirá su voluntad en nuestra simiente.

El hijo de Jocabed tenía su presente marcado por una amenaza de muerte, pero un sello profético relumbraba en su futuro, y esto prevaleció.

Tú que me lees, tal vez la incertidumbre prevalezca en tu presente, pero Dios convierte las dudas en certezas y utiliza escenarios de muerte para producir vida. Él convierte cementerios en maternidades, y casos imposibles en gloriosos milagros.

Si Dios ha bendecido tu vientre con vida, no te rindas ni entregues el tesoro que va tomando forma en tu vientre.

Si Dios ha depositado en ti un sueño, un proyecto, un ministerio, no sucumbas ante las amenazas que tus oídos escucharán contra eso.

Insiste en preservarla, crea tu plan de preservación y defiéndelos. El propósito de Dios para tu vida tiene que ver con maternidades y no con cementerios.

CAPÍTULO 4

¡Escóndelo

porque

es hermoso!

*"Y viéndole que era hermoso,
lo tuvo escondido tres meses".*

ÉXODO 2:2 (RVC)

El nacimiento de un bebé inunda de gozo el hogar. Los padres nos preparamos para esa primera mirada. Recuerdo cuando alumbré a mi primogénita Amy Enid, el 22 de agosto de 1998. Fue un parto complicado que se prolongó por largas horas, y conllevó intenso dolor. Además, mi bebé presentaba la complicación de traer el cordón umbilical en torno a su pequeño cuello (cordón nucal), lo cual añadía gran peso emocional al momento.

No mucho antes de mi parto, en concreto, el 12 de julio, los titulares de todos los informativos de Puerto Rico anunciaron el secuestro de un bebé, de nombre Odalys. La pequeña fue sustraída del Hospital Ryder de Humacao cuando solo contaba con cuatro días de vida.

Las complicaciones en mi parto se vieron multiplicadas por el temor de que pudiera ocurrir algo parecido. Fui medicada con el fin de mitigar los dolores que sufría, y por esa razón no estaba en total control de mí misma. A las cuatro y cuarenta y cinco minutos de la tarde me entregaron a mi preciosa niña. La envolví en mis brazos con una mezcla de sensaciones en el paladar de mi alma: de un lado inmensa alegría por aquel precioso regalo que Dios me otorgaba, y del otro una tremenda tensión ante la posibilidad de que alguien me lo arrebatara. Los medios de comunicación habían sobredimensionado tanto la noticia del secuestro de Odalys, que nos apercibieron de la importancia de esa primera mirada. Debíamos buscar alguna marca en el cuerpo de la recién nacida: una mancha, un lunar, lo que fuera, con tal de identificarla. Sosteniendo a Amy entre mis brazos, lloré de miedo e impotencia, buscando algún rasgo específico que me ayudase luego a reconocer a mi bebé. Amy no tenía la más mínima marca. Al observarla con detenimiento solo vi su rostro exultante de hermosura. Su piel blanquísima no contenía la más mínima mácula. Ante tal perfección, mi temor a que pudieran arrebatármela se incrementó hasta límites que dolían.

Esa primera mirada de los padres es tan especial y única...

Hoy rememoro mi experiencia de alumbrar a Amy entre noticias de recién nacidos secuestrados y la comparo con lo vivido por Jocabed. Ella, como hemos mencionado, alumbró a Moisés bajo una clara amenaza de muerte para la criatura. Esto me hace más consciente del poder de esa primera mirada. Para Jocabed, esa primera mirada a su hermoso bebé pudo haber sido también la última.

Al calor de estas memorias, mil preguntas asoman en la superficie de mi mente:

¿Qué pudo ver Jocabed al posar los ojos en su hijo? ¿Qué pudo ser que le dio el valor necesario para ocultarlo por tres meses? ¿Cómo se esconde a un bebé por un periodo tan largo de tiempo? ¿Acaso el bebé no lloraba? ¿Cómo se puede ocultar un llanto tan irritado e irritante?

Mil preguntas para las que no encuentro respuesta.

Déjame que te explique: Mi hija Amy fue la bebé más llorona de toda la calle... Tal vez de toda la comarca.

Lloraba y lloraba constante e incansablemente. Le cambiamos la dieta en varias ocasiones hasta descubrir que era intolerante a la lactosa. Conseguimos eliminar la irritación estomacal, pero Amy seguía llorando. Se dormía llorando y despertaba entre llantos.

Esta experiencia me hace captar la intensidad de lo vivido por Jocabed y me lleva a preguntarme, ¿Cómo pudo mantenerlo oculto?

¿Qué magistrales técnicas utilizó para que nadie se apercibiera de la presencia de un bebé en aquella casa? Definitivamente, algo grande tuvo que encontrar Jocabed en esa primera mirada que dirigió a su tercer vástago.

Repaso y reposo este tema. Medito y reflexiono en ese hecho, y llego a la conclusión de que al posar sus ojos por primera vez en el frágil bebé, Jocabed vio al libertador de su pueblo. En esa primera mirada ella contempló el favor divino. Era una mujer de gran fe, convencida de que cuando los hombres confabulan para llevar al pueblo de Dios al desastre, Él siempre prepara un perfecto plan de salvación. Cuando el proyecto del enemigo es extinguirnos, el plan de Dios es multiplicarnos. Por eso el salmista afirma: *"No te impacientes a causa de los malignos... porque como la hierba serán cortados y como la hierba verde se secarán"*. (Salmo 37:1).

Siempre que el enemigo atente contra la creación, Dios levantará un hijo que estorbará esos planes.

En la ocasión que nos ocupa fue una sencilla mujer quien estorbó esos planes. Una mujer que extrajo de una mirada a su recién nacido las fuerzas necesarias para luchar por su vida.

Sigo reflexionando y nuevas preguntas asoman a mi mente: ¿Podremos ser nosotras dignas sucesoras de Jocabed? ¿Habrá en nuestro corazón la pasión suficiente para estorbar el plan del enemigo y acelerar el proyecto de Dios?

> *"Siempre que el enemigo atente contra la creación, Dios levantará a un hijo que estorbará esos planes."*

Mientras todos sucumbían a la ley de Faraón, Jocabed encontró fuerzas para custodiar, proteger y preservar el tesoro que Dios le había encomendado.

El designio de Dios es tan soberano que hizo nacer al libertador justo en medio de la peor crisis de su pueblo. Cuando todas las circunstancias invitaban a temblar, Dios presentó la razón para dejar de hacerlo. El recurso divino que arruinaría los crueles planes de faraón estuvo guardado, primero en el vientre de una mujer, y en los meses siguientes en su regazo.

Jocabed engendró vida en tiempos de muerte. Seguridad en tiempos de incertidumbre y paz en medio de la crueldad. Su fe se fortaleció con tan solo una mirada. Solo eso bastó para ver el favor inconmensurable de Dios.

Ella vio y creyó en un futuro prometedor para su hijo, pero supo que alcanzarlo implicaría obrar en medio de grandes peligros como mujer de gran valor. Jocabed y su esposo ocultaron a su hijo por tres meses. ¿Qué les motivó a hacer tal cosa? La primera razón es obvia: es obligación de los padres proteger a sus hijos, pero en este episodio hay un condimento añadido: La fe, *"Por la fe Moisés, cuando nació, fue escondido por sus padres por tres meses, porque le vieron niño hermoso, y no temieron al decreto del rey"* (Hebreos 11:23).

Moisés tuvo un inmenso tesoro. Algo más valioso que fortaleza física, belleza u otros valores tangibles... Contó con el inmenso privilegio de tener una madre y un padre de fe. Eran creyentes... Creyeron en su hijo cuando este apenas balbuceaba, y creyeron en que el designio divino se cumpliría.

Ante la adversidad y la lucha tenemos dos opciones: ceder al temor, o enfrentarlo con fe. Si opto por lo primero, entregaré mi semilla y esta morirá, pero si tomo la segunda opción, enfrentaré al enemigo.

Esas son las dos opciones: entregar o enfrentar... Suenan parecidas, pero el resultado de ambas es radicalmente opuesto.

CAPÍTULO 5

"El miedo

es inevitable,

la cobardía

es opcional"

*"En el amor no hay temor, sino que el
perfecto amor echa fuera el temor"*.

1 Juan 4:18

Jocabed era una luchadora aguerrida, pero era humana. Tengo la convicción de que ella debió tener miedo en varios momentos, pero no dejó que el temor la bloqueara. Temer es inevitable, paralizarse de miedo no lo es. El propio temor puede ser lo que nos active para levantarnos en lucha y alzarnos con la victoria.

Ya que hablamos del miedo, vamos a definirlo un poco más: un sentimiento natural que todos, en algún momento, seguramente en muchos, hemos sentido, y sin duda, volveremos a sentir. Esa sensación provoca en nosotros un estado de alerta que nos activa. Ante el temor, las glándulas ocupadas de ello segregan adrenalina que acelera el flujo sanguíneo, y que provoca una activación ágil del cerebro quien desarrolla planes y estrategias con las que enfrentar la amenaza.

El estudio de la vida de Jocabed me ha afirmado en la idea de que miedo y cobardía no son sinónimos, de ninguna manera. Durante largo tiempo asocié ambos términos, sintiéndome cobarde cuando algún temor me asaltaba. Estudiando la vida de la madre del libertador he llegado a varias conclusiones que quiero presentarte:

- El medroso siente miedo, pero no reacciona positivamente a ese sentimiento.
- El miedo es inevitable, la cobardía es opcional.
- El miedo bien gestionado nos impulsa a la actividad, pero la cobardía nos paralizará (sentir miedo te impulsará a la actividad, pero por el contrario la cobardía te paralizará).
- Podemos sentir temor a menudo, no pasa nada por eso. Pero si nos dejamos llevar por la cobardía, eso puede convertirse en un hábito.
- Un pusilánime magnifica los gigantes y estos parecen más grandes de lo que en realidad son. El pusilánime, además, verá fantasmas donde no los hay.

Un episodio que seguramente conoces es aquel momento cuando los discípulos, en una barca, enfrentaban una gran tormenta en medio del mar de Galilea. Jesús se aproximó a ellos para ayudarles. Lo interesante del tema es que el Señor vino a ellos caminando sobre el agua del mar. Los discípulos comenzaron a gritar despavoridos, creyendo que quien venía era un fantasma (Mateo 14:26).

> *"Un pusilánime magnifica sus gigantes y estos parecen más grandes de lo que en realidad son. El pusilánime, además verá fantasmas donde no los hay."*

• El temor es un sentimiento que no se planifica, aparece de forma espontánea. Sin embargo, el amilanamiento, si es alimentado, se convierte en una actitud reiterada que bloqueará nuestro avance y crecimiento. Puede tornarse en una excusa para no asumir retos, llevándonos de forma paulatina, pero constante al estancamiento y la inactividad.

Cuando actuamos en cobardía llevamos una actitud de derrota frente a las situaciones que constantemente vamos a enfrentar. No hay nada malo en sentir temor, es un sentimiento lógico y humano. Sin embargo, asumir una actitud de derrota sin lidiar con nuestros miedos es una decisión de gente que no conoce el poder de Dios y su manera de obrar en tiempos de incertidumbre.

Permíteme aclararte algo que descubrí en la Palabra de Dios y que a pesar de haberlo leído muchas veces no la había podido interpretar antes: La cobardía no está en el diseño de Dios para sus escogidos. No es parte de lo que el gran diseñador escogió para nosotros. Déjame aclararte esto: 2 Timoteo 1:7 –*"Porque no nos ha dado Dios espíritu de cobardía, sino de poder, de amor y de dominio propio"*.

Cuando analizo este versículo me doy cuenta de que la cobardía es un sentimiento que no proviene de Dios.

Él no lo incluyó en nuestro diseño.

Mas sí nos diseñó con las armas con las que podíamos combatirla.

Dios nos "ha dado" las herramientas para vencer el miedo. Nos dio amor 1 Juan 4:18 dice: *"En el amor no hay temor, sino que el perfecto amor echa fuera el temor"*.

> *"La cobardía no está en el diseño de Dios para sus escogidos, ni es parte de lo que el Perfecto Artífice eligió para nosotros."*

Dios nos ha dado Poder: Lucas 10:19 dice: *"He aquí os doy potestad de hollar serpientes y escorpiones, y sobre toda fuerza del enemigo, y nada os dañará"*.

El cobarde no tiene el coraje de hacer cosas difíciles, peligrosas o poco agradables. Tiende a huir y no a luchar. Se aleja de su realidad, de sus gigantes, de las situaciones de riesgos o poco cómodas, entendiendo que así se libera de peligros y lo que en realidad logra es esclavizarse a los miedos. Nadie tiene que molestar, perseguir o torturar a un cobarde: sus propios miedos agigantados lo hacen huir sin jamás vencerlos.

El miedo a perder a su hijo no paralizó a Jocabed, sino que la activó. Ella no huyó. Ella enfrentó sus miedos y comenzó a accionar en un plan que le salvaría la vida a su pequeño. El miedo es algo que tenemos que dominar y no algo que nos debe dominar. La esperanza de Jocabed era mayor que cualquier miedo que pudo haber tenido.

Una sola mirada a su pequeño recién nacido dio el valor a una madre, para ir en contra de un gobierno temible y cruel. Por tres meses Jocabed se negó a entregar a su bebé a los soldados del Faraón. Ella lo escondió porque lo vio hermoso. Lo escondió y se negó a dejar que lo ahogaran. Una mirada a su bebé, la hizo activar su fe y la capacitó para crear su plan para preservar al niño.

Si solo tú lo ves; que nadie te ponga una venda en los ojos para que dejes de verlo. Si solo tú ves el futuro profético de tu semilla, escóndela y desarrolla el plan para verlo crecer.

La historia de muchas mujeres de su época terminó en que les arrebataron a sus hijos y los ahogaron, pero no así la historia de nuestra dama de la libertad. Su fe fue sorda y ciega. Sorda a las dudas, sorda al desánimo y ciega a las imposibilidades.

> *"Si solo tú lo ves; que nadie te ponga una venda en los ojos para que dejes de verlo."*

Como Jocabed, muchas veces tendremos que esconder a nuestras semillas de aquellos que declaran su muerte. Ahora quiero hablarte de tu semilla espiritual, de eso que sabes que cargas en tu vientre y que cuando en el espíritu lo puedes ver, sabes que es hermoso.

Tu semilla es hermosa, poderosa y trascendental, pero solo tú la puedes ver. Sin embargo, déjame prevenirte y decirte que tengas en cuenta que el enemigo sabe de la semilla que se ha gestado en tu vientre espiritual, y hará que un faraón se levante a declararle la guerra.

Anhelas salir a enseñarle a todos su hermosura, pero ¡detente! No reveles su existencia, déjala crecer en silencio. ¡Escóndela! No le reveles su existencia ni siquiera a tus amigos, porque el enemigo la está buscando para ahogarla y no sabes a quien usará para destruirla. Los enemigos de tus sueños andan rodeando tu entorno. Los crueles asesinos de aquello que llevas en tu interior no tardarán en llegar.

¡Escóndela!

Escóndela en lo más secreto de tu habitación. Es irónico tener que callar lo que quieres gritar, pero es necesario hacerlo. La emoción de saber que Dios ha señalado tu vientre para producir, tienes que muchas veces controlarla. ¡Cuídala en silencio! Aliméntala en secreto. Obsérvala y cree en ella, en absoluta discreción. Dios te ha dotado de la capacidad de trabajar en silencio. Muchos no interpretarán tu silencio y pensarán que estás pasivo sin saber que el silencio en la vida de alguien que le cree a Dios es poderoso y exageradamente activo.

Te declararán vencido, cuando estas combatiendo sigilosamente al cruel faraón. No hagas ruido. En cuanto a mí, permíteme confesarte que he aprendido a cuidar mis semillas y mis sueños en total solemnidad. He aprendido a mantenerme activa, en lo secreto, porque estoy peleando la batalla de preservación de mis sueños, de lo que Dios ha albergado en mí. Mi silencio no es pasivo, es estratégico y poderoso. Es también doloroso, definitivamente, doloroso, pero vigoroso. En lo secreto le estoy deshaciendo los planes al faraón. Mientras él conspira contra mí y activa sus soldados para aniquilarme, yo me mantengo diseñando y construyendo a solas. Sin hacer ningún estruendo. Habrá quienes no entiendan mi silencio y serán sorprendidos cuando mis semillas, mis sueños y proyectos sean los que hagan ruido.

Muchas veces me he encerrado para vencer y no para huir. He preferido dejar de escuchar los rumores que atentan contra mi propósito, para poder trazar un plan de guerra sin alteración. A menudo me he encerrado, porque estoy luchando y no porque estoy huyendo. Frecuentemente me han buscado y no me han encontrado porque estoy en labor de parto silencioso.

He ahogado el dolor para que no ahoguen mi semilla.

Te voy a dejar en las próximas líneas algo que aprendí: *__La labor de parto me toca a mí y a Dios solamente.__* Es mi tarea. Dolorosa por demás, pero me toca hacerla yo sola. No puedes compartir esa misión. Es tuya. Te toca a ti. Por eso cuando tengo el producto de mi esfuerzo en las manos, lo valoro, porque solo yo sé lo que me costó el gestarla y llevarla en el vientre.

A la labor de parto no puedes llevar a quien nunca creyó en tu simiente. No puedes llevar gente que estorbe poniendo dudas. A esa faena solo puedes llevar a Dios y escoger a tu partera, es decir aquel o aquella que conoce tus sueños y que está dispuesto a colaborar. Jocabed trazó su plan y comenzó a ejecutarlo, pero un poco más abajo estaba Miriam, un poco más cerca de la hija del Faraón para ver que todo saliera como había trazado su madre. No te verán parir todos los que están alrededor, esa labor se desarrolla en completa intimidad. Las parteras de Israel, a pesar de las instrucciones del Faraón no dejaron de asistir a las hebreas en sus partos. Ellas sabían que habían sido encomendadas por Dios para ayudar a dar vida y no a quitarla. ¿Necesitas una partera que te ayude con tu parto? Que sea como las parteras de los tiempos de Moisés. Mucho cuidado con la elección de aquella persona que será tu asistente de parto. Una persona prejuiciosa no puedes ser tu comadrona. Un líder controversial no puede ser tu partera. Hay quienes harán que abortes tu semilla y otros, que tan pronto la vean nacer, se la entregarán al Faraón para que la ahogue. Busca parteras convencidas de sus propósitos, gente que no acepte la orden de dar muerte cuando fueron encomendadas por Dios para ayudar a dar vida. Tienes que tener una partera, que reconozcan el poder de una madre con propósitos.

> *"A la labor de parto no puedes llevar a quien nunca creyó en tu simiente."*

Las parteras de Egipto le dijeron al faraón, que las judías eran mujeres fuertes, que parían aún antes de que ellas llegaran (Éxodo 1:19). Se necesitan mujeres que sean tan fuertes que no haya adversidad que cancele sus partos o les arrebate el fruto de su vientre. Por eso quienes esperas que te aplaudan muchas veces, no lo harán, porque lamentan que no les hayas dado participación en el parto. Ellos podrán decir que te vieron embarazada, pero solo tú sabes lo que te costó ese embarazo. Ellos verán a tu bebé y tú seguirás viendo el destino profético que le tiene Dios reservado, porque en la labor de parto te fue revelado. No te desanimes si de principio, el presente de tu bebé no es alentador, construye para él una vía de progreso hacia su propósito.

Faraón declarará que no podrás tenerlo, que no lograrás que tu semilla germine y de fruto. ¿Por qué? Porque destrozará sus planes. No te descuides de tus enemigos, pero también cuídate de quienes puedas tener cerca. Muchas veces tu faraón está más unido a ti de lo que podrías esperar.

¿Quién es tu faraón? Aquel que declara que tu propósito en Dios no se cumplirá. Aquel, aquella o aquellos que se levantan contra ti para ahogar la semilla de tu vientre. Tu faraón puede ser un íntimo que amas y que crees que quiere lo mejor para ti. En ocasiones Dios pone una semilla en nuestros vientres espirituales y es cuando se levanta la oposición y viene de donde más nos duele.

> *"¿Quién es tu faraón? Aquel que declara que tu propósito en Dios no se cumplirá."*

Escóndelo porque es hermoso. Oculta esa semilla porque es un tesoro. Protégela en lo más recóndito hasta que esté lista para sostenerse. Es hermoso lo que Dios hará a través de eso que gestas en tu interior, de eso que hoy cargas en tu vientre espiritual.

He aprendido que cuando hay en mí una semilla de Dios debo cambiar mi forma de alimentarme, conducirme y como toda mujer embarazada, debo nutrirla con declaraciones de libertad y no con amenazas o declaraciones de muerte. Tengo que comportarme como mujer embarazada de un propósito, y no exponerme a situaciones de peligro que puedan hacerme abortarlo, y tengo que ser sabia en la manera de relacionarme con los que están en mi entorno. No sabes quién será el faraón de tu semilla y con que artimaña vendrá. Tenemos que ser selectivos en nuestro cuidado personal, emocional y espiritual. Cargas una semilla y no te puedes exponer.

¡Escóndelo! No le declares a todos tus sueños, no sea que entre los tuyos estén los hermanos de José y te comiencen a mirar de manera diferente y confabulen para tirarte en la cisterna y venderte como esclava (*Génesis 37*).

Ten cuidado de que tus adversarios estén demasiado cerca, como para arrebatarte tu túnica de colores. Ojo con los que confabulan para hacerte abortar. Mucho cuidado con los que no se gozan de tu semilla, puede que sean tu faraón y la quieran ahogar. Desarrolla tu plan de preservación, escóndela porque es hermosa tu semilla.

¿Y por qué se levantan contra tu semilla? ¿Por qué atentan contra ella? Tu semilla cambiará tu nombre, te sacará del anonimato, te dará a conocer y eso no a todos le gusta. **Lamentablemente hay quienes están contigo en el anonimato, pero no pueden aplaudirte en tu exposición.** Es que tu avance y crecimiento, les duele a quienes nunca creyeron que lo lograrías. No insistas en estar con quien no cree en tu potencial. No sufras por quienes te han abandonado, sigue tras lo verdaderamente importante, ese proyecto que Dios puso en tu vientre y que debes de nutrir.

"Lamentablemente hay quienes están contigo en el anonimato, pero no pueden aplaudirte en tu exposición."

Ese bebé que Dios puso en tu vientre te ensanchará, te empoderará y te llevará a la libertad, y eso, lamentablemente a muchos no les agradará.

CAPÍTULO 6

~

Cuando parece

que no hago,

y Dios lo hace todo

◇◇◇◇◇◇◇◇◇◇◇

Una actitud pusilánime teñirá de derrota las situaciones que de continuo nos tocará enfrentar. Como dijimos antes, no hay nada de malo en sentir temor, puesto que es una sensación humana y lógica. No experimentas el temor por ser cobarde, sino por ser humano. Otra cosa diferente es que el temor nos haga asumir una actitud de derrota. No enfrentar los temores es propio de quien no conoce el poder de Dios y la manera en la que Él obra en los tiempos de incertidumbre.

Como antes he expresado, un texto que ha impactado mi vida y que tras leerlo infinidad de veces, en el último tiempo representó algo muy especial para mí, es: 2 Timoteo 1:7 (PDT) –*"Porque el Espíritu que Dios nos ha dado no nos hace cobardes, sino que Él es para nosotros fuente de poder, amor y buen juicio"*. Este versículo se ha convertido en un devocional diario y lo repito cada vez que es necesario.

¿Qué significa esto? Significa que: El espíritu de Dios que habita en mí no me hace cobarde, sino que Él es la fuente que hace que fluya de mi poder, amor y determinación.

Déjame aclararte esto:

Cuando analizo las palabras que Pablo dirigió a Timoteo, en el texto que acabo de mencionar, me doy cuenta de que si bien el temor es algo lógico y hasta en ocasiones positivo, la cobardía, sin embargo, es una actitud que no proviene de Dios.

El temor es un sentimiento, la cobardía es una actitud, y Él no la incluyó en nuestro diseño original.

Lo glorioso es que sí incorporó en nuestro diseño las armas con las que podemos combatirla. Dios en su soberanía sabe que ante circunstancias de temor podríamos asumir una actitud de cobardía y de antemano nos preparó para vencerla.

Como lo lees: Dios nos "ha dado" las herramientas con las cuales vencer el miedo. Permite nuevamente que enumere dos de ellas:

- Nos dio amor 1 Juan 4:18 (NTV) dice: "*En el amor no hay temor, sino que **el perfecto amor expulsa todo temor***".
- Dios nos ha dado Poder: Lucas 10:19 (NTV) dice: "*Les he dado **autoridad sobre todos los poderes del enemigo**; pueden caminar entre serpientes y escorpiones y aplastarlos. Nada les hará daño*".

El medroso no ejecuta acciones que impliquen algún riesgo o presente una especial dificultad. Opta por esquivarlas o abandona la lucha apenas se le presenta. Piensa que así se ve libre de peligros, pero lejos de estar libre, es esclavo de sus miedos. No es preciso que nadie persiga o torture al cobarde: sus propios temores exacerbados lo mantienen en cautividad y en constante huida.

Regresemos a Jocabed. Ella sintió miedo, por supuesto. Es probable que por momentos estuviese aterrorizada ante la posibilidad de perder a su hijo. Pero ese temor no engendró cobardía. El miedo no la dominó, porque ella dominó el miedo. Tuvo un sentimiento, pero no permitió que se convirtiese en actitud. Dejó que la esperanza enterrase al miedo, y activó un plan con el cual preservar la vida de su hijo. El amor expulsó todo temor. La autoridad delegada por Dios avanzó entre huestes de maldad y aplastó sus planes.

¿Recuerdas? Una mirada al recién nacido dio valor a su madre para enfrentar a todo un gobierno autoritario y cruel. Durante tres meses custodió a su hijo, y todo comenzó con una mirada que activó su fe y puso en marcha el proyecto de libertad.

Tal vez estés tú sola mirando... Tal vez solo tú lo veas, pero no permitas que nadie vende tus ojos. No toleres que nadie te robe la visión, porque si eres capaz de verlo en fe, tu semilla fructificará.

Fue aquella una época cruel en la que muchas madres perdieron a sus hijos. Les fueron arrebatados y asesinados en las aguas del río.

¿Qué diferencia hubo con Jocabed?

¿Por qué ella no perdió a su hijo?

Porque fue sorda al edicto del Faraón y ciega al panorama de muerte que sus ojos físicos veían... Su fe fue inconmovible ante las dudas e invidente a la posibilidad de victoria de su adversario.

> *"No toleres que nadie te robe la visión, porque si eres capaz de verlo en fe, tu semilla fructificará."*

Quiero hablarte de tu semilla espiritual, de ese sueño, proyecto, plan, ministerio... La semilla de cada persona es distinta, pero tú sabes a qué me refiero. Ese embrión que un día nació al calor del Espíritu, y que de tanto en tanto el Espíritu te deja ver y sentir... Y tú lo miras y ves que es hermoso.

Déjame prevenirte, por favor, no olvides que hay un enemigo que odia ese "bebé" que se gesta en tu vientre. Hay un faraón que lo odia porque le teme y le ha declarado la guerra.

¿Cómo protegerlo? Escucha, lo primero, ¡Escóndelo!

Sé que anhelas divulgarlo. Gritar a los cuatro vientos el tesoro que has gestado. Mostrar tu Moisés al mundo... Hay momentos en los que para salvar la vida del niño hay que cuidarlo en secreto. Que crezca en lo privado. Deja que madure en la cámara escondida, hasta que adquiera tamaño, solidez y fortaleza. ¡Escóndelo! ¿Del enemigo? Escóndelo incluso del amigo... Sé sensible y lleva en privado ese tesoro, hasta que Dios te muestre que es tiempo de sacarlo a la luz.

Sé que resulta irónico y hasta contradictorio, tener que callar lo que uno quiere gritar, pero es necesario hacerlo. Controlar la emoción de que Dios haya marcado nuestro vientre, no es algo sencillo, pero es muy necesario. La semilla adquiere tamaño y consistencia en la cámara privada, incubada al calor de la comunión con Dios. En ocasiones lo mejor que podemos hacer, es no hacer nada. Muchos interpretarán mal nuestro silencio y nos acusarán de pasividad. Pero, tranquila, aun cuando no se vea nada en la superficie, algo grande está ocurriendo en ese sector privado que está fuera de la vista.

Permite que de forma testimonial te comparta que aprendí a cuidar mis sueños, proyectos y llamados, en total intimidad. Aprendí a mantenerme activa en lo secreto. Te repito, mi silencio no es pasivo, sino estratégico. A menudo resulta lacerante y desgarrador... Muy doloroso. En ocasiones guardar silencio es el discurso más difícil de proclamar, pero al final Dios escribe en los renglones de nuestros silencios. En esa aparente inactividad, Dios quebranta los proyectos de Faraón.

> *"En ocasiones guardar silencio es el discurso más difícil de proclamar, pero al final Dios escribe en los renglones de nuestros silencios."*

Cuando estalle la primavera y las semillas, ya crecidas, salgan a la luz, muchos quedarán asombrados de lo que Dios hizo mientras parecía que nosotras no hacíamos nada. Comprenderán entonces que nuestro encierro no fue una huida, sino el diseño de una victoria. No era temor, era estrategia. Allí en el retiro privado, no llegaban los rumores ni las voces del desaliento, y podíamos trazar el plan escuchando solo la voz de Dios.

En ocasiones me buscaron sin encontrarme porque estaba ocupada en el parto silencioso. Ahogando mi dolor, para que no ahogasen mi semilla.

CAPÍTULO 7

Alumbrando

vida en

completa soledad

Tú me observabas mientras iba cobrando forma en secreto, mientras se entretejían mis partes en la oscuridad de la matriz.

Salmo 139:15 (NTV)

Lo que hoy pretendo transmitirte es la soledad que debe envolver un parto; deja que te lo explique: Cuando alumbramos una semilla que por tiempo hemos gestado, -puede ser un sueño, proyecto, ilusión, ministerios, e incluso una vida-, ese acto de alumbrar nos corresponde de forma exclusiva a nosotros, envueltos en la presencia de Dios. Un parto siempre conlleva dolor, y hay que llevarlo en soledad, sabiendo que es un dolor hacia la vida. Es por eso por lo que cuando sostenemos en nuestros brazos el fruto de ese angustioso parto, lo valoramos como quien alcanza el tesoro más sublime. Sabemos lo que costó y por eso apreciamos el valor.

Llegado el tiempo del parto se impone el aislamiento. En un parto biológico solo participan la embarazada, la partera y el varón implicado en poner la semilla. ¡Solo ellos! De igual modo ocurre en los alumbramientos espirituales. Estarás a solas con Él, que sembró la semilla, y con esa persona de máxima confianza que creyó en ti, te acompañó en el camino y brindó aliento durante el proceso.

Quienes nunca entendieron, ni tan siquiera creyeron, en el embarazo, ¿cómo podrán comprender el glorioso alumbramiento?

Observa el proceso que la Biblia relata durante el tiempo en que Jocabed protegió aquella selecta semilla llamada Moisés. Faraón había dado instrucciones precisas de ejecutar todo varón que naciera, pero las parteras supieron priorizar la orden de Dios sobre la del emperador de Egipto. Ellas rechazaron, aun con riesgo de su vida, las órdenes de Faraón y protegieron las vidas nacientes.

Ese es el tipo de partera que necesitamos para progresar en el cumplimiento del propósito de Dios. Mucho cuidado con la elección de aquella persona que será tu asistente de parto. Una persona prejuiciosa no puedes ser tu comadrona. Un líder controversial no puede ser tu partera. Hay quienes harán que abortes tu semilla y otros, que tan pronto la vean nacer, se la entregarán al Faraón para que la ahogue. Busca parteras convencidas de sus propósitos, gente que no acepte la orden de dar muerte cuando fueron encomendadas por Dios para ayudar a dar vida. Tienes que tener una partera, que reconozca el poder de una madre con propósito.

Hay un rasgo sumamente llamativo en el relato de las parteras de Egipto. Ellas dijeron a Faraón que las mujeres hebreas eran de una naturaleza tan robusta que parían sin ayuda, antes de que ellas llegasen.

Estoy segura de que esta declaración era, en muchos casos, rigurosamente cierta, aunque es probable que en otros muchos las parteras estuvieran forzando la verdad. Lo cierto es que muchos hombres y mujeres sellados por Dios para alumbrar nuevas vidas, visiones renovadas y tiempos innovadores para la tierra, tendrán que estar listos para que no haya parteras cuando alumbren. Me refiero a ese sentimiento hostil de soledad impuesta, no buscada.

Debes estar preparada para que nadie aplauda tu alumbramiento, para que nadie comparta tu alegría y para recorrer en triste y dolorosa soledad el camino de un parto espiritual. Si llegases a preguntar a los ausentes, el motivo de su ausencia, florecerán mil excusas en el intento de justificar su indiferencia: No supimos, no pudimos, no pensamos...

¿Cómo actuar entonces? ¿Cómo sonreír cuando nadie te acompaña en la sonrisa? No mires el presente, sino el glorioso futuro que Dios ha preparado para lo que ahora alumbraste. Sigue confiando y preparando el terreno para que tu semilla encuentre un campo abonado en el que reproducirse. Lo que hoy vives tú sola, bendecirá a muchas personas a las que ni siquiera conoces. Lloras en privado, pero provocarás sonrisas en público.

Quisiera poner un poco de orden en el relato que trato de exponer. Recapitulando, intenté explicarte que hay dos tipos de personas con quienes se encontrarán quienes están gestando una semilla del cielo:

1. Los fieros contrincantes, representados en Faraón. Ellos, sin ningún tipo de disimulo, atentarán contra la semilla, para evitar que la semilla altere los planes destructivos que están fraguando. Cuídate de ese voraz enemigo, y pide a Dios discernimiento para localizarlo, pues en ocasiones puede estar más cerca de ti de lo que alcanzas a imaginar. Podría darse el caso de que ese faraón sea una persona íntima, a la que en verdad amas, pero que levanta oposición abierta contra el plan que Dios determinó con tu vida. David experimentó ese trance durísimo, habló de la traición de los suyos y dijo:

"Porque no me afrentó un enemigo, lo cual habría soportado; ni se alzó contra mí el que me aborrecía, porque me hubiera ocultado de él; sino tú, hombre, al parecer íntimo mío, mi guía, y mi familiar; que juntos comunicábamos dulcemente los secretos, y andábamos en amistad en la casa de Dios" (Salmo 55:12-14). Posiblemente se levante contra ti tu propia familia o tus mejores amigos. No estamos exceptos de que algo similar nos pase.

2. Y luego están quienes no manifiestan oposición abierta a nuestros sueños, pero nos hieren con el látigo del silencio, la indiferencia y la desconfianza. No agreden nuestros planes, simplemente nos dejan ver que no podemos, no valemos y no servimos. El desaliento es capaz de ahogar la semilla hasta matarla. Cuando llegue ese comité de desalentadores, decide no prestarles atención. Busca la intimidad, a solas con Dios, y escucha lo que Él te dice acerca de tu futuro.

En definitiva, y aquí vuelvo a un tema que ya hemos abordado, se trata de aceptar la soledad durante el alumbramiento y luego "esconder el bebé, porque es hermoso". ¡Escóndelo! No le declares a todos tus sueños, no sea que estén los hermanos de José y comiencen a mirarte de manera diferente y confabulen en tu contra *(Génesis 37)*.

Tras el nacimiento hay un tiempo en que el recién nacido es extremadamente vulnerable, y exponerlo abiertamente conlleva serios riesgos. Es tiempo de alimentarlo, preservarlo, protegerlo, hasta que tenga la capacidad de sostenerse.

Ya desde el inicio de la gestación la mujer embarazada ordena su vida y replantea sus costumbres en torno a la semilla que crece en su interior. Toda la vida queda condicionada en favor de la vida que toma forma en sus entrañas. Es probable que recuerdes perfectamente como alteraste tu régimen alimenticio, la práctica del deporte, hasta tu forma de caminar se vio afectada, para cuidar el bebé. Pero, cuidado, hasta lo que uno habla o escucha puede tener un impacto sobre la criatura que se está gestando. ¿Nunca hablaste a tu bebé cuando estaba en el útero? ¿Verdad que le declaraste tu amor? ¿Verdad que le dijiste cuánto anhelabas el momento del encuentro?

En el ámbito espiritual es idéntico. Cuando hemos sido escogidas por Dios para producir una vida, esa encomienda afectará a toda nuestra vida: comportamiento, reparto del tiempo, lo que ingerimos por ojos, oídos y boca... Todo tiene una repercusión sobre la semilla. También lo que digo: debo hablar vida y no muerte. Bendición y no maldición. Fe y no duda, porque esa semilla se verá repercutida por lo que oigo y por lo que hablo. Tenemos que ser selectivos en nuestro cuidado personal, emocional y espiritual. Cargamos una semilla y no debemos exponernos.

Tal vez te preguntes, ¿Y por qué se levantan contra mi semilla? ¿Por qué atentan contra ella?

Debes saber que tu semilla cambiará tu nombre, te sacará del anonimato y te dará a conocer. Eso no a todos les gusta. Hay quienes estarán contigo en el anonimato, pero no tolerarán tu promoción y exposición, pues eso pone de relieve su mediocridad.

No insistas en caminar junto a quien no cree en tu potencial e intenta limitarlo. No permanezcas en un lugar donde no puedas florecer... Aunque te guste.

No insistas en estar con quien no cree en tu potencial. No sufras por quienes te han abandonado, sigue tras lo verdaderamente importante, ese proyecto que Dios puso en tu vientre y que debes de nutrir.

Ese bebé que Dios puso en tu vientre te ensanchará, te empoderará y te llevará a la libertad.

CAPÍTULO 8

Ostras

perlíferas

> *"Dios cambia las orugas en mariposas, la arena en perlas y el carbón en diamantes, usando tiempo y presión.*

RICK WARREN

Entre las cosas asombrosas y extraordinarias que Dios creó en la naturaleza, está el proceso de las perlas. Son piedras preciosas que lucen hermosas y que muchos admiramos por su visible belleza. No solo son preciosas, sino que además son costosas. ¿Sabías que no nacen siendo perlas? Nacen siendo una ostra sin valor en el fondo del mar que absorbe agua para mantenerse viva.

Las perlas son verdaderamente exclusivas, especialmente cuando consideras que son las únicas piedras preciosas que provienen de una criatura viviente. El proceso comienza cuando una partícula de grano de arena o un simple parásito, lo que se conoce como irritante, ingresa al molusco. Las ostras activan un mecanismo ante esta partícula que penetra de forma accidental en la parte interior de sus valvas. Una vez que el irritante queda atrapado, el molusco comienza a cubrirse con una sustancia lustrosa llamada nácar.

Hay una gran lección que debemos aprender de las ostras: Ante el peligro activan su mecanismo de defensa.

Las células de nácar comienzan a trabajar y cubren el grano de arena. El molusco recubre el núcleo con miles y miles de capas de nácar, y con el tiempo, una perla comienza a formarse lentamente. El brillo de las perlas proviene de este nácar.

El tiempo que tarda una perla en formarse depende de la tasa de crecimiento del nácar. La mayoría de las perlas suelen tardar entre dos y cuatro años en desarrollarse por completo.

La perla es el resultado de una reacción ante el dolor.

La ostra, por así decirlo, produce ante la irritación una lágrima que va gradualmente envolviendo el grano de arena. Esta lágrima va redondeando y poco a poco cubriendo aquello que provoca dolor hasta que forma una preciosa esfera con un brillo hermoso. Después de cierto tiempo aquello que empezó como un desagradable dolor se convierte en una piedra de gran valor.

La belleza de la perla reside en la sabiduría de la ostra para transformar lo que la ha agredido y convertirlo en lo más valioso de sí misma. ¡Qué tremendo!

Procesa todo aquello que pudo dañarla y lo cubre con su especialidad, el nácar, y espera pacientemente, a veces hasta diez años para ver sus resultados: una preciosa perla.

Los procesos de la vida nos colocan en una similitud muy grande con las perlas.

¿Te imaginas que en la ostra nunca entrara ese granito de arena del que tanto se defiende?

Simplemente seguiría siendo una ostra sin valor que vive en el fondo del mar y que apenas puede subsistir.

Tal vez en su momento la ostra no se da cuenta que mientras se defiende de ese grano de arena que se coló en el agua, está transformando su vida por completo. Lo mejor de ella, viene tras culminar el dolor. No brilla sin antes pasar por el suplicio.

Tú eres como esa perla en proceso, un día fuiste una ostra que se encontraba en el fondo del mar, tal vez estabas sola, pensando que no tenías valor, pero un día comenzaron a entrar granitos de arena de los que te defendías con todas tus fuerzas, tal vez hoy esos granitos están presentes y te sientes agobiada porque solo ves los problemas que hay a tu alrededor. Quizás te sientas atacada por momentos y no sabes que hacer, o de donde obtener la fuerza para defenderte, pero ¿sabes?, Dios está permitiendo que pases por el proceso para hacer de ti una hermosa perla de gran valor.

Jocabed, fue esa ostra en el fondo del mar.

Una mujer embarazada en una multitud, en un país que no era el suyo, día a día luchando por sobrevivir, en un entorno de esclavitud. Un día se coló un grano de arena en su interior. Algo poderoso amenazaba la vida de su tercer hijo. Como ya hemos visto, una orden de ejecución se había firmado contra el fruto de su vientre. Aquello amenazaba a su familia.

> *"Dios está permitiendo que pases por el proceso para hacer de ti una hermosa perla de gran valor."*

Un grano de arena se coló en el interior de nuestra dama de la libertad, quien entonces solo era una mujer común, amenazada por un líder despiadado, cruel, injusto que amenazaba contra el pueblo de Dios. Ella tuvo a su criatura, y cuando la vio, supo que no podía ceder ante ese ataque. Como madre vio a un hermoso hijo, como mujer de Dios vio la promesa de libertad para su pueblo.

Lo vio y le creyó a Dios. De inmediato supo que tenía una participación especial en el plan de liberación de su pueblo.

Tuvo en su vientre y ahora tenía en brazos al libertador de su pueblo. Supo al verlo que tenía que cambiar. Ante aquel inminente peligro, tenía que activar sus mecanismos de defensa.

Era hora de activar su nácar para convertir su problema en su victoria. Entendió que era parte del proceso: sí ella salía victoriosa en su proceso ella iba a convertir su dificultad en una perla.

Sólo en momentos de tanto dolor, de toma de decisiones sumamente difíciles, es donde sabemos lo que llevamos dentro. Es allí donde nos identificamos con la ostra, y activamos ese mecanismo de defensa poderoso y purificador, para defendernos del enemigo, hacerle la guerra y salir victoriosos.

Comenzamos a cubrir nuestro dolor con el nácar de la fe. Creyéndole a Dios. Declarando su palabra. Activando sus promesas en nuestras vidas y en la vida de nuestros hijos. Vamos cubriendo nuestros miedos en valentía.

Cambiamos nuestra dificultad en creatividad.

Nos levantamos porque sabemos que hay algo que tenemos que debe salir de nuestro interior después de tan amargo dolor.

Hay en ti una hermosa perla que Dios necesita.

Un detalle interesante: una ostra que no fue herida de algún modo no puede producir perlas, porque la perla es una herida cicatrizada.

Las perlas son productos del dolor.

Por eso hay muchas ostras vacías. Ostras que se quedaron en el fondo de la mar. Que no activaron el nácar para transformar el dolor.

En el caso de Jocabed, muchas ostras a su alrededor se quedaron vacías. Le entregaron sus hijos o se lo dejaron arrebatar por el faraón. No activaron el nácar. El temor las paralizó y faraón ahogó sus sueños. Les arrebató a sus hijos y despiadadamente los lanzó al fondo del río.

"Un detalle interesante: una ostra que no fue herida de algún modo no puede producir perlas, porque la perla es una herida cicatrizada."

Jocabed no fue una ostra vacía. Jocabed dio vida y determinó activar ese mecanismo de defensa que Dios había puesto en el corazón, en la mente y en la esencia misma de la mujer. Ese poder es creativo, poderoso, ingenioso y tan extraordinario, que da brillo.

La capacidad de una mujer de Dios, empoderada en su Palabra, es el fin de los planes maquiavélicos del faraón.

Habrá ahogado a muchos, pero no ahogará al hijo de una mujer que se atreve a ir por encima de sus circunstancias y pese al edicto del faraón.

Jocabed lo vio y un poder creativo y transformador se activó en ella. Discernió el plan de libertad que Dios traería para su pueblo a través de su hijo y entendió que la incluía a ella.

El plan diseñado por Dios para tus hijos te incluye a ti.

Por eso tienes que subir del fondo, tienes que resurgir de tus cenizas.

Tienes que dejar de ser una ostra más en el fondo del mar y subir a lanzar tus perlas.

> *"La capacidad de una mujer de Dios empoderada en Su Palabra, es el fin de los maquiavélicos planes del faraón."*

Para que esa perla llegue a ser una realidad, necesita que actives tu nácar, tu protección.

Tienes que poner capa sobre capa para hacerlos brillar.

No fuimos llamadas a hacer ostras vacías.

Desde el principio de la creación el plan de Dios se completó con una mujer. En el principio Dios vio su creación, y dijo Dios, no es bueno que el hombre esté solo. Hacía falta una mujer en el paraíso. Había que perfeccionar la creación. Se necesitaba alguien que tuviera la capacidad creativa, reproductiva y transformadora. Y creó Dios la mujer. El soplo creativo de Dios en la mujer activó la esencia de un ser delicado, pero capaz de mitigar el dolor con tal de dar vida.

No somos "ostras vacías": somos el vientre que contiene, da y preserva la vida de las semillas de Dios en la tierra. Tenemos la capacidad de transformación. Tenemos la capacidad de superar aquello que nos ha herido y convertirlo en lo más valioso de nosotras mismas.

Te ha tocado llorar. Convierte tus lágrimas en perlas.

La ostra, por así decirlo, produce una lágrima ante la irritación que va gradualmente envolviendo el grano de arena. Esa lágrima va redondeando y poco a poco cubriendo aquello que provoca dolor hasta que forma una preciosa esfera con un brillo hermoso. Después de un cierto tiempo aquello que empezó como un cruel dolor se convierte en una piedra de gran valor.

> *"No fuimos llamadas a ser ostras vacías."*

Llorar es parte de nuestra esencia.

Nos toca llorar, pero cada lágrima que sale de tus ojos irá cubriendo, poniendo capa sobre capa a todo aquello que produce o nos ha producido dolor para convertirlo en piedras preciosas.

El proceso hará de ti, una mujer fuerte, empoderada, creativa: una dama de la libertad.

Somos ostras viviendo en el fondo del mar, en un mundo contaminado y lleno de peligros. Las profundidades de estas condiciones a veces nos quieren ahogar. Constantemente somos heridas, atacadas despiadadamente por situaciones extrañas, inmerecidas e injustas en la mayoría de las veces. Es exactamente eso, lo que nos lleva a crear cosas que jamás imaginábamos, y mucho menos creíamos que seríamos capaces de hacer.

No dejes que estas situaciones te venzan y te hagan peso, dejándote siempre en el fondo del mar.

No seas víctima del faraón, sé la dama de la libertad que le alteró sus planes.

Dios hizo todo tan perfecto: un molusco poco llamativo y el grano de arena que atentó contra su bienestar convertidos en una hermosa, radiante y exclusiva perla.

"Si te ha tocado llorar, convierte tus lágrimas en perlas."

¡Cuánto más puede hacerlo conmigo! ¡Cuánto más puede hacerlo contigo!

Si somos el sello de la creación, aquello que lo hizo exclamar: "es bueno en gran manera".

¿Cómo no va a haber nácar en ti!

No te dejes amedrantar. Saca lo mejor de ti.

Haz productivas tus lágrimas.

Que formen capa sobre capa revistiendo aquello que viene a dañar tu interior.

Los obstáculos no determinan tu situación, sino que por el contrario activan el poder escondido en ti. Tienes que tener claro que esto no es un proceso mágico, tienes que ser paciente y mantenerte activa envolviendo aquello que te estorba con tu nácar.

Jocabed tuvo a su hijo, y activó a la guerrera que llevaba dentro.

Era ella y su esposo contra un gobernante poderoso y un ejército numeroso.

Ella actuó, se movió, diseñó un plan para esconder a su pequeño.

¿Cómo lo hizo?

No tenemos detalles, solo sabemos que ella y su esposo lo mantuvieron oculto.

Por tres meses Jocabed y su esposo "dejaron madurar" el plan.

Sacarlo a la luz antes de tiempo, pudo haber sido mortal.

Aprendamos de esta historia a reflexionar y entender que a veces lo que llega a nuestras vidas como un proceso doloroso, ruin e injusto viene a activar eso que hay en nosotros que debe salir de nuestro interior para brillar.

> *"Los obstáculos no determinan tu situación, sino que por el contrario activan el poder escondido en ti."*

No te quedes vacía, en el fondo de una crisis y sin valor.

Transforma tus adversidades en victoria.

Mientras vas diseñando tu plan, permanece en secreto.

Hay batallas que no debemos dar a conocer. Son situaciones que el pueblo que está a nuestro alrededor y que a pesar de ser "nuestro pueblo", quizás nuestra familia, nuestros amigos, vecinos y hermanos no deben conocer. Pueden afectarlo, estorbarlo, o peor que eso, pueden hacerlo morir.

Jocabed en lo secreto, se hizo fuerte.

Se escondió por tres meses. Sus fuerzas debieron menguar después del parto. Tenía que esperar recobrar fuerzas. Su mente tenía que asimilar la situación y comenzar a programar el plan.

No puedes salir a improvisar, tienes que estar bien preparada.

No se producen perlas de la noche a la mañana.

Se engendran activando tu potencial y delineando tu defensa.

Hazte fuerte en secreto.

Te confieso que en lo más secreto de mi habitación estoy cubriendo con lágrimas aquello que me afectó, y atentó contra mí, para no dejar morir mi propósito. Un grano de arena ha entrado en mi concha. Me hirió violentamente. He llorado demasiado. Solo puedo describirlo como un verdadero atentado de muerte contra mi propósito. Una declaración de muerte, despiadada, cruel e injusta. Una orden de ejecución fue dictada contra mí, injustamente. Sin merecerlo. He luchado para que ese grano de arena no altere mi diseño y me deje en el fondo de una depresión. He determinado no permitir se convierta en una raíz de amargura que me dañe. Estoy luchando. Aún no he vencido, pero estoy poniendo capa sobre capa hasta que se convierta en una perla.

> *"No se producen perlas de la noche a la mañana."*

Mientras, permanezco en silencio.

Esta leve tribulación momentánea, producirá en mí, un cada vez más excelente peso de gloria (1 Corintios 4:17).

Voy confiando en los planes que Dios tiene para conmigo. *Se que son planes de bien y no de mal para darme un futuro y una esperanza (Jeremías 29:11).*

Mientras me voy defendiendo de ese grano de arena que se me coló en el corazón, me voy transformando en la dama de la libertad, y sé que lo que me hirió a tal extremo ya nunca más lo volverá a hacer.

Se que si no soy herida como la ostra no puedo producir perlas.

¿Se ha colado un grano de arena en tu interior? Estas en la etapa previa a producir perlas. ¿Te han herido? Procura sanar. Herida cicatrizada = perla preciosa.

CAPÍTULO 9

Entreteje

tu

victoria

«Hay pintores que transforman el sol en un punto amarillo, pero hay otros que, con la ayuda de su arte y su inteligencia, transforman un punto amarillo en sol».

—PABLO PICASSO

Mi madre; la Sra. Ana María Gallego es y será por siempre mi personaje favorito. Ella es mi mayor ejemplo de fe, valentía y fortaleza. No hay prédica, estudio bíblico, libro, reflexión o conferencia, que supere sus enseñanzas. Su método de enseñanza era "una vida ejemplar". Practicaba lo que pedía. Hablaba de fe y sus actos destilaban fe. Dejaba huellas en vez de transmitir órdenes. Una mujer difícil de igualar, reconozco que para mí resulta imposible igualarla. Pongo todo mi empeño en pisar sobre esas huellas que ella dejó, pero en el análisis final concluyo que soy muy pequeña junto a un ser tan admirable y maravilloso como fue mi madre.

Ella lograba crear de la nada.

Convertía lo poco en mucho, y de lo escaso sacaba abundancia.

Una artesana en todo el sentido de la palabra.

Mami ejercía el arte del calado en textil, también conocido como punto *tagliato* o punto de corte. Tomaba pedazos de tela sin diseño, sin ningún tipo de estampado y con mucha calma, hilo a hilo, creaba algo que convertía aquel pedazo de tela en una verdadera joya, transformándolo en un pañuelo calado, fino y costoso. Por cierto, jamás le pagaron lo que aquellas obras de arte merecían. Mami era una mujer humilde y solo cobraba lo que necesitaba para darnos un regalo en el día de los Reyes, comprar algo de la casa, o costear alguna necesidad del hogar. Los pañuelos calados de mi mamá llegaron a salir en revistas de boda, lamentablemente siempre omitieron el nombre de la mujer que hilo a hilo los caló y creó el arte.

Te hablo de mi madre, y eso significa que por mis venas corre la sangre de una mujer creativa, luchadora, buena cocinera y poderosa guerrera de fe. No hay ninguna como ella. Podría escribir todo este capítulo y quizás unos cuantos más, hablando solamente de mi madre.

Creaba, inventaba, reparaba, era toda una constructora. Mami era una verdadera artista de Dios. Sus diseños comenzaban con un pedazo de tela, un papel cuadriculado y un rollo de hilo. Esos eran todos sus materiales, porque el arte habitaba dentro de ella. El diseño lo llevaba en el interior, y al ponerse a crear lo extraía de ese lugar recóndito, cerca de su corazón. Tuve el mejor ejemplo de creatividad efectiva. Ella miraba algo, de inmediato activaba su creatividad y luego trabajaba con empeño hasta verlo en todo su esplendor. Nunca usó materiales costosos: de lo simple y ordinario hacía cosas extraordinarias.

Mami fue una auténtica Jocabed.

Veía más allá de la mirada física.

Su arte bullía en su interior y ella lo extraía a través de sus manos creativas.

Retornemos a Jocabed: El diseño para la libertad del pueblo de Dios fue gestado en su vientre. Dios gesta en nuestro interior propósitos eternos de libertad para este tiempo. Debemos activar nuestra fe y ser valientes, porque oposición de todo tipo intentará detener lo que Dios ha determinado liberar.

Activa esa fe acerca de la que la Escritura dice que es capaz de mover montañas. No puedes hacerle la guerra al faraón con una fe que ni siquiera te convence a ti misma.

No lo dudes.

Tu destino se llama victoria.

¿Serás capaz de creerlo?

Será imposible que des vida a menos que estés convencida de ser la dama de la libertad para tu generación.

La fe de la que hablamos es creativa.

La fe motiva, impulsa y lleva a producir.

Hebreos 12:2 nos dice que Dios es el autor y consumador de la fe. Él es creador y la fe que como hijos recibimos de Él proyecta esa capacidad creativa.

¿Cómo fue la fe de Jocabed?

El relato bíblico desvela que fue creativa, de conquista, atrevida y osada. Una fe no fingida, pura y verdadera.

Jocabed: una mujer persistente.

No vivió del milagro: lo produjo.

Persistir nos lleva a actuar en fe.

> *"No puedes hacerle la guerra al faraón con una fe que ni siquiera te convence a ti misma."*

Nunca dudes del fruto de tu vientre porque alguien atente contra él. La oposición es el claro síntoma de que tus sueños, proyectos y el fruto de tu vientre son destacados.

Activa tu visión si todo atenta contra ti.

Activa tu creatividad si no existen probabilidades de vida.

Faraón necesitará un ejército para intentar alzarse con la victoria, pero para que una mujer creativa venza solo necesita activar su fe y sus manos.

Activa tus manos cuando el faraón active su ejército.

Contradicciones en tu vida: tiempo oportuno para la actividad y no para la pasividad.

Decepciones en tu vida: momento idóneo para crear.

Calamidades en tu vida: ocasión perfecta para entretejer hilo con hilo y junco con junco, la sencilla embarcación que será vehículo de libertad.

No te ahogues en tu crisis para que no se ahogue tu semilla. Si desfalleces también ella lo hará. No desistas en verla crecer.

¿Qué haces cuando te oprimen? ¿Cómo actúas frente a un panorama de oscuridad?

El pueblo judío se multiplicaba bajo la opresión y eso era una amenaza contra el faraón. ¿Eres una amenaza para el faraón?

Intentó frenar el nacimiento de varones que pudieran convertirse en libertadores de la nación que él oprimía. Lanzó un poderoso ejército para conseguirlo, pero este fue neutralizado por una potencia mayor: la fe de una mujer sencilla.

Su fe resultó más poderosa que los soldados del Faraón.

Su fe activó la creatividad.

"Si tuviereis fe como un grano de mostaza..." (Mateo 17:20) Esa es la única condición para alzarse con la victoria y preservar la semilla de libertad.

Solo quien se atreve a desafiar las circunstancias y decide avanzar en medio de la lucha, dejará huellas profundas y jugará un papel estratégico en la libertad de su nación.

Y todo desde la sencillez, sin presunción ni altanería. El valor no se demuestra con gritos. ¡Cuánto gritan muchas que dicen ser guerreras y solo son guerrilleras!

Qué distinto el proceder silencioso, prudente y reservado de Jocabed. Disculpa mi atrevimiento en las declaraciones anteriores, pero ya te he confesado la preocupación que me embarga ante los arranques de presunción que percibo en mujeres a mi alrededor.

> *"El valor no se demuestra*
> *con gritos."*

La guerrera pelea; la guerrillera provoca.

La guerrera está convencida de su victoria, la guerrillera utiliza gritos para disimular su temor.

La guerrera utiliza las armas espirituales, la guerrillera tiene que usar artimañas como calumnias, amenazas y desafíos.

Una guerrera de fe no grita, avanza.

No intimida, derrota a quien pretende intimidarla.

Una guerrera de fe le cree a Dios, por muy poderoso que pueda ser el faraón.

No pierde el tiempo intentando impresionar al enemigo con alardes de fuerza; lo vence en silencio.

No se alcanza la victoria con amenazas, sino ciñéndonos a la ley y actuando como eficaces constructoras de paz. No mires la montaña como un gigante insuperable. Mírala, sí, pero hazlo mientras desarrollas tu estrategia. Enfoca al faraón para alzarte con la victoria.

Ningún carruaje militar egipcio pudo más que el vehículo de mimbre que una madre construyó para preservar a su hijo en un río caudaloso infectado de cocodrilos. En lo personal no me gusta que le llamen "canasta", ni "canastillo". Lo que ella construyó para su hijo fue una embarcación similar al arca de Noé, probablemente no en lo que a robustez se refiere, pero idéntica en propósito, preservar una generación.

Sus manos construyeron. Entretejieron junco con junco. "Tomó una arquilla de juncos y la calafateó con asfalto y brea, y colocó en ella al niño y lo puso en un carrizal a la orilla del río" *(Éxodo 2:3).*

¿Cómo llevarás a tu semilla a la libertad si los problemas te detienen? ¿Cómo alcanzarás tu propósito, si las contradicciones en vez de activar la guerrera te ahogan?

Jocabed no puso a su hijo en una caja de cartón, ni de madera, creó una arquilla de juncos y se encargó de trabajarla de tal modo que la misma no se volcase, ni pudiera filtrarse agua que amenazara la vida de su bebé. En medio del dolor más fuerte de su vida, de amenazas de muerte y en valle de oscuridad, Jocabed avanzó. No fueron pasos veloces, pero cada avance fue calculado. Fíjate que primero escondió a su hijo y mientras lo tuvo oculto su mente fue diseñando su plan.

Nadie lo sabía.

Quieta en su hogar, pero con mente activa, avanzaba.

Vendrán tiempos donde tendrás que encerrarte, pero no permitas que tu mente deje de avanzar en el propósito de Dios para tu vida. Jocabed salió de su encierro en el tiempo oportuno. Salió cargando su semilla y con un plan para preservarla. Ella, en su encierro, supo cuál era el lugar perfecto. No salió a buscar el lugar, ya lo sabía. Fue directamente al punto de salvación para su semilla y habiendo llegado allí, ensució sus manos, maltrató su delicada piel entretejiendo las ramas de juncos, calafateando y colocando brea.

Ella tuvo que entregar su hijo a las aguas, pero escogió con sumo cuidado los materiales donde su hijo estaría. El junco era la materia prima con la que los egipcios construían las embarcaciones. Luego la calafateó con asfalto y brea, es decir, le puso dos protecciones. El asfalto se recogía de pozos de petróleo naturales que brotaban a la superficie de la tierra, esto protegía la arquilla de las infiltraciones de agua. La brea es una resina que pega y solidifica la estructura para que no se deshaga. Lo que hizo con estos materiales nuestra dama de la libertad, fue impermeabilizar aquella pequeña arca asegurándose de que aquello sobre lo cual colocaba a su hijo fuera resistente a las aguas del Nilo. Fue cuidadosa en los materiales que escogió y en la elección del junco. Había otras opciones más fáciles de trabajar, pero no las eligió debido a su fragilidad.

Jocabed colocó en aquella pequeña arca a un bebé condenado a muerte, pero por fe lo puso en las manos de Dios. Las cosas pequeñas son el principio de cosas grandes. La mano poderosa de Dios lo condujo a través de un río plagado de cocodrilos y mantuvo su divino cuidado hasta que el bebé reposó en las manos de la hija de faraón, mientras era observado bien de cerca por Miriam, su hermana.

Cuando pones algo en las manos de Dios, ten la certeza como tuvo Jocabed, de que Dios cuidará de su posesión. En aquella arquilla Moisés estuvo más seguro que en la propia casa de sus padres.

> *"Las cosas pequeñas son el principio de cosas grandes."*

Ya ellos no podían esconderlo por más tiempo y el peligro de ser encontrado por los guardias era una amenaza real. Jamás se les pasaría por la mente a aquellos guardias buscar a un recién nacido vivo en las corrientes de un río.

No había en Egipto lugar más seguro para el bebé que aquella arquilla de juncos.

La orden de faraón era que arrojaran a cada niño hebreo al río Nilo *(Éxodo 1:22)*.

¡Qué ironía!

El lugar destinado por el enemigo para acabar con su vida fue el mismo que utilizó Dios para preservarla.

El Nilo era mirado por faraón como lugar de muerte, pero para Dios era lugar de preservación y vida para aquel bebé y más adelante para todo su pueblo.

La arquilla llegó al lugar correcto, a las manos que lo llevarían a un lugar rodeado de los mismos guardias que podrían matarlo, pero que allí no osarían tocarlo. La hija del faraón lo tomó en sus brazos y aquel bebé hermoso enterneció su corazón. Ella lo adoptó. Fue ella quien le dio nombre al bebé. Nunca se nos dice en la Biblia que Jocabed le haya puesto otro nombre. Su preocupación por salvar su vida era el centro de su atención.

Jocabed terminó criando a su hijo Moisés, lo pudo ver dar sus primeros pasos, lo escuchó balbucear sus primeras palabras, pudo ver crecer sus primeros dientes y aunque cuando éste creció tuvo que entregarlo a la hija de faraón, sabía que el plan de Dios se cumpliría en la vida de su hijo. Se cree que las hebreas amamantaban a sus hijos hasta los dos o tres años.

Ella se movió en fe, y con su valentía no solo salvó a su hijo, sino que le dio a toda una nación la posibilidad de la libertad.

El sentenciado a muerte llegó al palacio.

El que le decretó muerte desde el vientre de su madre, terminó criándolo y asumiendo los costos de su educación.

Cada día me apasiona más la manera como Dios obra.

La vida de Moisés pasó de peligro de muerte al lugar más seguro en que podía estar, en las habitaciones del palacio de su perseguidor.

Faraón, su feroz enemigo, pasó a ser su guardián.

Tus actos, pueden hacer que el panorama de tu hijo cambie de muerte a vida. Pueden ser claves en el destino profético de tus hijos. Un pueblo puede ser impactado por un acto de una mujer guerrera que se levanta para romper ciclos de esclavitud y libertar al que será el gran libertador.

Jocabed se movió en fe y trascendió.

Hoy tenemos que aprender a ser la Jocabed de nuestra casa. Tienes que ser la dama de la libertad de tu generación. Mira atentamente la ley de la libertad. Mira atentamente lo que Dios ha dicho sobre ti y tu semilla y luego actúa como receptora y portadora del sueño de Dios para este tiempo. Que el decreto de muerte, de traición, contradicción o decepción no te haga actuar como oidora olvidadiza, sino como constructora eficaz.

CAPÍTULO 10

Contra

la

corriente

> *"No se inquieten por nada; más bien, en toda ocasión, con oración y ruego, presenten sus peticiones a Dios y denle gracias. Y la paz de Dios, que sobrepasa todo entendimiento, cuidará sus corazones y sus pensamientos en Cristo Jesús".*

FILIPENSES 4:6-7

¿Alguna vez sentiste que nadabas contra la corriente?

Yo sé lo que es... Yo nadé contra corriente.

Cuando nos referimos a ir contra corriente, estamos diciendo que nuestro comportamiento es contrario a lo que nuestro entorno espera.

Subimos cuando todos bajan.

Bajamos cuando todos suben.

Dejarse llevar por la corriente es asumir el comportamiento de la generalidad... Hacer lo que todos hacen. Adoptar un ritmo diferente o actitudes opuestas es inaceptable, entonces nos tachan de ir contra corriente.

Te repito: He nadado en contra de la corriente. Tuve que moverme en rumbos invertidos a los que tomaban la mayoría... No fue sencillo, pero tuve que hacerlo.

Cuando las condiciones no son propicias y se hace pesado el viaje, no he retornado atrás, sino que seguí a paso lento. Hay quienes piensan que esta carrera es siempre de altas velocidades y no se vale ir despacio. La vida es, en realidad, una carrera de fondo, y no de velocidad. No se trata de llegar antes, sino de llegar bien.

Tristemente, muchos de nuestros compañeros en la fe definen progreso como alta velocidad para obtener el fin deseado. Yo opino al contrario... También en esto voy contra corriente. Creo que la urgencia y la precipitación solo nos ayudan a caer más y avanzar menos. La mesura y la prudencia son la forma más segura de llegar pronto.

Las grandes cosas de Dios crecen en silencio. Él se toma unas horas en crear un hongo, pero cien años en formar un roble.

La vida se gesta en silencio.

Me han llamado "rara" un sinnúmero de veces.

Muchas veces yo misma me he sentido rara.

¿Cómo puedo explicarte?

Lo que debió derrumbarme, me activó.

> *"Las grandes cosas de Dios crecen en silencio. Él se toma unas horas en crear un hongo, pero cien años en formar un roble."*

Aquello que me hizo llorar, me transformó en una mujer cada vez más fuerte.

Lo que solía traerme ansiedad, se ha transformado en una paz que sobrepasa mi entendimiento.

Las palabras o declaraciones inmerecidas que antes veía como una orden de cancelación de mi propósito se convirtieron en aliciente para emprender.

Nada ha sido por méritos propios, sino por la misericordia de Dios en mi vida y por su divina gracia.

¿Te han llamado "rara"? ¡Gózate! ¡Deléitate en serlo!

A Noé lo llamaron loco.

Nadie entendía a Noé. ¿Quién podría entender a un hombre que hablaba de diluvios en un planeta donde jamás había llovido? La construcción del arca le trajo burlas e insultos a Noé y lo tildaron de loco.

¿Se lo imaginan, construyendo una inmensa embarcación y hablando de diluvios y de sobrevivir a una peligrosa inundación, cuando por ciento veinte años no cayó ni una sola gota de lluvia en aquella tierra?

Ciento veinte años nadando contra la corriente.

¡Eso es "demasiado"!

En obediencia a Dios, pero siendo totalmente incomprendido, en nada respaldado, apoyado, ni ayudado por aquella población que lo rodeaba.

Jesús también actuaba "raro".

También "nadaba contra la corriente".

Sus discípulos, en ocasiones, no lo comprendieron.

Imagínese a los discípulos frente a la tempestad.

Imposible que hable de tormenta y no venga de inmediato a mi mente los vientos y las lluvias del huracán María azotando fuertemente a mi isla de Puerto Rico. Aquel viento sostenido de ciento setenta y cinco millas por hora hizo estragos en nuestra tierra. No había forma de que alguno de nosotros pudiera ignorar aquel fenómeno atmosférico categoría cinco que azotó nuestra isla el 20 de septiembre de 2017, día en que mi hijo menor cumplía años. El ruido del viento era demasiado aterrador, pero estábamos en tierra. En lo personal lo defino como la furia de la naturaleza.

Fueron horas intensas e inestables donde la seguridad parecía habernos abandonado. Sin embargo, a pesar de la fuerte lluvia y del viento huracanado, teníamos la confianza de estar en tierra.

Cuando me imagino a los discípulos en alta mar y siendo sacudidos por fuertes ráfagas y lluvias intensas, puedo entenderlos. Ni siquiera quiero imaginar cómo eran las olas del mar. Ellos estaban angustiados y desesperados, sin embargo, Jesús se mantuvo en completa quietud en medio de la tormenta, tanto así que iba dormido.

¡Sí que era raro Jesús!

Los discípulos no entendieron a Jesús y en su desesperación lo despertaron. Interrumpieron su sueño. Interceptaron su quietud. Frenaron su rumbo en contra de la corriente para que los salvara *(Marcos 4:35-41; Lucas 8:22-25)*. Pocos segundos después, se maravillaban de aquel que juzgaban por permanecer dormido cuando más ellos lo necesitaban.

Pocos entienden a los que en medio de la tormenta permanecen en quietud.

Escasas personas aplauden a quien construye algo inusual, como un barco en tierra firme y en pleno verano.

En ambos casos: Noé y Jesús, fueron plenamente incomprendidos por sus congéneres.

Intento, sin lograrlo, imaginar la actitud de cuantos tildaron de loco a Noé cuando comenzó a llover. ¿Querrían entonces entrar al barquito del loco? Tal vez, pero ya era tarde. ¡Que no se nos haga demasiado tarde para creerle a Dios!

La cultura de nuestro entorno empuja a nadar hacia donde todos nadan. Es lo que esperan que hagas, lo que se supone que debes hacer. Cuando no lo haces, eres raro.

Tus propios discípulos interrumpirán tu silencio para que actúes cómo y dónde ellos esperan que lo hagas. Nadie aplaude a uno que va en el sentido contrario. Nadie lo entiende ni mucho menos lo sigue.

> *"¡Qué no se nos haga demasiado tarde para creerle a Dios!"*

Lo que ignora la mayoría es que la razón de que nades contra corriente es que estás en reproducción, y sabes que dejarte arrastrar por la corriente implicaría la pérdida de la vida que se gesta en tu interior... La muerte del sueño que late en ti, de la palabra que Dios te susurró y del llamamiento que en lo íntimo te hizo. Ese viaje que emprendes en contra de la corriente te hace único y especial, es aquello que hará que te distingas y que cambie tu historia.

Amo la naturaleza y constantemente busco en ella lecciones que me hagan reflexionar y aferrarme más a mi fe. Amo los lugares con muchos árboles. Cuando veo un árbol me apasiona mirarlo desde sus raíces hasta su copa y eso añade fuerzas a mi vida. La misma naturaleza cuenta la gloria de Dios. El Salmo 19: 1 (NBV) dice: *Los cielos cuentan la gloria de Dios, el firmamento proclama la obra de sus manos. Un día se lo dice a otro día; una noche a otra hace que lo conozcan. Hablan sin sonido ni palabra, su voz es silenciosa en los cielos; su mensaje se extiende por todo el mundo, hasta los confines de la tierra.*

He aprendido a escuchar la naturaleza y aprender de ella.

Me fascinan los peces. Disfruto verlos en grupos, me parece grandioso observar como un banco de peces se desplaza por un lago: decenas, a veces cientos de peces siempre unidos, en perfecta formación, hacia una misma dirección, pero aprendí de ellos una lección que marcó mi vida.

¡Los salmones son peces raros!

Nadan contra la corriente.

Cambian de aguas para reproducirse.

El impulso de la corriente no los detiene.

Son peces anádromos, esto quiere decir que se desarrollan en el medio marino y luego viven en aguas dulces. Son capaces de vivir en los dos tipos de concentraciones salinas. Nacen en el río y permanecen en aguas dulces mientras son pequeños. Cuando llega su juventud, bajan hasta el mar y permanecen allí hasta que llega el momento de su reproducción.

Cuando saben que les toca reproducirse, cambian de aguas.

Antes del cambio, hay una preparación.

Se proveen de abundantes reservas que les servirán para disponer de energía para el viaje de vuelta al río del que salieron.

La reproducción de los salmones es costosa... Sumamente difícil, pero el salmón sabe que debe cambiar de aguas.

Tiene que emprender un camino para lograr reproducirse. Un viaje muy largo y duro. Un trayecto en contra de la corriente. Centenares de kilómetros llenos de dificultades y de peligrosas cascadas. Tendrá que sortear plantas acuáticas, trozos de árboles que la corriente arrastra y que tratarán de retenerlos o desviarlos.

En ese trayecto se cruzará con cientos de peces que nadan en dirección contraria a la suya, y lo hacen mucho más veloces y sin dificultad.

Nadan más ligero.

Se mueven a gran velocidad porque van con el impulso de la corriente, pero el salmón solo es impulsado por el anhelo de cumplir con su objetivo y dar vida a una nueva generación.

Aquellos que van impulsados por la corriente ven al salmón como un obstáculo y lo atacan. En su dificultosa travesía, el pez que escala con esfuerzo, sufre mordeduras de otros depredadores, e incluso de otros peces iguales que él.

Por si no fueran suficientes estas dificultades, en su escalada encontrará otros salmones que perecieron en el camino... cadáveres flotando. Es precisamente en ese punto de máxima tensión donde hay que decidir:

¿Río arriba o de vuelta al mar?

No hay términos medios.

No hay otra alternativa.

¡Jamás pensé que me parecía tanto a un salmón!

Confieso que antes no hubiese escogido parecerme a este tipo de pez.

Ser productores de vida nos expondrá a peligros y pérdidas. Tocará dejar la zona de confort y batallar contra la corriente. Hay opciones más sencillas: si nos basta con conservar nuestra vida podemos dejarnos llevar, pero si queremos dar vida a lo que late en nuestro interior, toca pagar el precio.

¿Qué te parece si comparamos al salmón con nuestra dama de estudio?

Jocabed había dado vida a su pequeño, pero su entorno se volvió como un mar embravecido que amenazaba la subsistencia del vástago, aquel lugar se había convertido en un mar enfurecido que no garantizaba la seguridad y sobrevivencia de su vástago. El impulso de la corriente de su época la llevaría a vivir sin problemas si ella lo entregaba a quien lo buscaba para aniquilarlo.

"Ser productores de vida nos expondrá a peligros y pérdidas."

Se vio ante una difícil decisión: dejarse llevar por la corriente, evitar problemas y entregar a su hijo, o luchar por preservar esa vida. Era la decisión del salmón: muero sin enfrentar contratiempos, o lucho y tal vez muera, pero defendiendo la vida que deseo producir.

El viaje conocido como la carrera del salmón es una de las migraciones más extremas del reino animal. Los salmones utilizan toda su energía en ese recorrido, se dice que dejan de alimentarse durante toda la carrera, mientras hacen frente a las aguas turbulentas, rápidos, cascadas y todo tipo de depredadores.

Se dice que se preparan toda su juventud para esta carrera.

Sin embargo, muchos mueren en el intento, otros dudan o abandonan la carrera dejándose llevar por las aguas que nuevamente los arrastran al mar: vivos, pero frustrados y vencidos.

Solo los que tienen el firme propósito de ser fecundos siguen adelante hasta alcanzar su propósito.

Volver al mar donde hay amplitud para nadar, pero sin reproducirse no es opción para los salmones.

El viaje es sumamente peligroso desde el principio, pero en la recta final aparece el peor escenario: las violentas cascadas. Allí les esperan sus peores depredadores: los osos y los humanos. Estos últimos ponen presas para atraparles y convertirlos en su alimento.

"Solo los que tienen el firme propósito de ser fecundos siguen adelante hasta alcanzar su propósito."

Ahí es donde se arriesga todo.

Lo llaman el salto mortal.

Los salmones dan un salto que los saca de su hábitat para descender a las aguas más tranquilas.

Saltan sabiendo que pueden caer fuera de su objetivo.

Saltan sabiendo que pueden perecer.

Saltan sabiendo que fuera del agua les espera el depredador.

Dejan de nadar y saltan.

De lo conocido a lo desconocido. De lo seguro a lo completamente inseguro. De vivir, a tal vez, morir.

Debe ser difícil para un pez dejar de nadar. Lo que hicieron toda su vida, ahora no les sirve para nada... Es el momento de hacer algo que jamás hicieron: volar...

¡Saltar!

¿Por qué saltan?

Saltan porque al otro lado serán fecundos.

Saltan porque desean formar una familia.

Saltan y luego llega su reposo.

Exhaustos tras vencer tantos obstáculos, se deslizan por aguas remansadas y entonces observan, sorprendidos, que de su interior sale un nuevo cardumen que será marcado por la osadía de uno que aceptó correr en contra de la corriente.

¿Te has detenido a pensar en la amplitud de lo que albergas dentro de ti?

Si pensaste que el salmón lo arriesgaba todo para dar vida a uno más de su especie, te equivocas. La hembra construye hasta cinco nidos en los que deposita entre quinientos a mil huevos cada uno de ellos.

¡La naturaleza es sorprendente y tiene tanto que enseñarnos!

Definitivamente Jocabed sabía que no solo estaba salvando a uno sino a miles de personas.

Otras entregaron a sus hijos, pero ella se negó.

Cuando no pudo ocultarlo más en el hogar, salió de su zona de confort e inició la difícil escalada.

Salió a enfrentarse a todo.

Salió sabiendo los peligros que iba a enfrentar.

Salió a cumplir su propósito en la historia de la libertad de su nación.

Salió y quizás vio a muchas madres llorando por sus pérdidas.

Salió y quizás encontró muchos que le dijeron: ¿Tú estás loca?

Salió y su esposo no iba con ella.

Salió porque solo ella veía el futuro profético.

Salió, porque en su interior una voz le decía: ¡Salta! ¡Muévete de lugar! ¡Corre al lugar donde Dios te hará producir!

Hay vida y propósitos de Dios en tu interior, pero se necesita que la dama de la libertad nade en contra de la corriente para llevarla a su lugar de fructificación.

Cuando otras se rinden, Jocabed se levanta.

Salió y como osos en la cascada, la esperaban los soldados del faraón.

Salió y fue al mismo lugar donde la semilla de otras era ahogada. Salió a las orillas del Río Nilo.

Tres meses en silencio: diseñando su plan de preservación para la vida de su hijo.

Tres meses inactiva: encerrada sin ver la luz del sol, para luego salir a arrebatarle al faraón la victoria.

Tres meses desarrollando la estrategia.

Tres meses atando una idea con la otra.

Tres meses tomando notas de detalles que parecían insignificantes, pero que se convertirían en relevantes para alcanzar su objetivo.

La princesa, la hija del Faraón estaría más abajo bañándose.

La princesa estaría allí.

Había una sola oportunidad de vida para su hijo: la princesa.

La hija del Faraón era la esperanza para el hijo de nuestra dama de la libertad.

Jocabed diseñó su plan y su hija Miriam colaboró en el mismo. No sabemos si Jocabed le dio tal participación o si la niña por voluntad propia la siguió. Lo cierto es, que Miriam estaba allí, no estaba su esposo, pero sí estaba su hija. Una madre guerrera y valiente siempre marcará la vida de sus hijos.

Ella llega a la orilla del río y entreteje junco con junco, pega con brea y asfalto y lanza a su hermoso bebé a la corriente del río. Cuando tienes un plan desarrollado, diseñado y entretejido en lo más íntimo de ti y con las instrucciones de Dios, el objetivo se cumplirá.

Siempre estuvo Dios en el plan.

Definitivamente Dios estaba cuando lo concibió, continuó a su lado cuando lo parió, estuvo cuando lo escondió y estaba cuando lo soltó.

Definitivamente la presencia de Dios marca la diferencia.

Tanto así, que aquel que estaba en peligro de muerte, llegó a las manos que le asegurarían vida. Y el que era buscado, llegó al palacio de quien lo buscaba. Y el que atentaba contra el terminó viéndole dar sus primeros pasos, enseñándole todo lo que tenía que saber para más adelante sacar a su pueblo de ahí.

¡Que tremenda historia!

Llegó al palacio como hijo aquel que iba a ser exterminado. La hija del faraón se enterneció con aquel hermoso bebé y aun sabiendo que era hebreo decidió cuidarlo y adoptarlo. Miriam, la hija que era tan valiente y sagaz como su madre se encargó de posicionar a su madre junto a su hermano. El plan de Dios es INALTERABLE. No hay faraón ni ejército de soldados que lo detengan. Moisés iba a ser educado y criado en el palacio del faraón, pero estaría en sus primeros años bajo el cuidado de su propia madre. Jocabed no había terminado aun su parte en la historia de la libertad de su nación. Le tocaba ahora amamantarlo y enseñarle a ser el hombre que DIOS quería que él fuera. Tenía unos cuántos años para enseñarle a amar a Dios y sembrar en su corazón una palabra que no retornaría vacía, sino que produciría. Criados con las costumbres egipcias, pero con una base de fe en el Dios de su pueblo.

Puede ser que como yo, nades hoy contra la corriente.

Puede que estés enfrentando lo peor de esa carrera.

Confía, no te detengas, tus pasos de hoy asegurarán tu victoria de mañana.

CAPÍTULO 11

Cruza

la línea

amarilla

Las cuerdas me cayeron en lugares deleitosos,
Y es hermosa la heredad que me ha tocado.

SALMOS 16:6. (RVC)

¿Ha sentido alguna vez impotencia?

El diccionario define impotencia como la falta de poder para hacer que algo suceda o incapacidad para conseguir un logro. Es la emoción que nos trae aquellas situaciones en las que queremos producir o conseguir algo y vemos que no lo alcanzamos. Un sentimiento que todos en algún momento enfrentamos. La imposibilidad para alcanzar algo es frustrante, estresante y nos puede llevar a un estado de dependencia. Sentirse impotente es normal; aprender a ser impotente no lo debe ser. No actúa igual una mujer que se siente impotente que una mujer que ha aprendido a ser impotente.

Una mujer que ha aprendido a ser impotente ve trazada en su césped "una línea amarilla", que la mantiene estancada y lejos de sus objetivos. No ve posibilidades de ser libre. Aún si las ve, no lucha por ellas. Simplemente están al otro lado de la línea que aprendió a ver como el límite. Fronteras que alguien le enseñó que había para ella y que registró en su mente. Es una mujer con un perímetro implantado en su memoria.

> *"No actúa igual una mujer que se siente impotente que una mujer que ha aprendido a ser impotente."*

Ella es como un elefante actuando en un circo y siendo controlado por un entrenador. El animal terrestre más enorme que existe en la tierra con aproximadamente 257 mil neuronas en su cerebro. Su intelecto es superior a la de otros animales. Aristóteles llegó a decir de los elefantes que eran "la bestia que sobrepasa a todas las otras en ingenio y mente". Posee una inteligencia sin límites, sin embargo, alguien le enseñó a tenerlos. Alguien con una astucia similar descubrió que el bebé elefante es una de las pocas criaturas que al igual que los seres humanos no nacen con instintos de supervivencia, que necesita aprenderlos durante la infancia y adolescencia. Es justo en esa etapa frágil de su vida donde su domador, que conoce el punto débil de su inteligencia y su fragilidad, aprovecha para enseñarle a ser dependiente de una criatura más débil que la hace comportarse como un ser inferior en fuerza y comportamiento.

Es por eso que en el transcurso de la función de un circo, el majestuoso animal hace gala de un peso, un tamaño y una fuerza descomunal... pero permanece atado a una pequeña estaca clavada en el suelo con una minúscula cadena que aprisiona una de sus patas. La enorme bestia puede arrancar de un tirón el insignificante pedazo de madera enterrado a unos pocos centímetros del suelo, más no lo hace. Puede liberarse con facilidad de aquella cadena, sin embargo, se mantiene preso, amarrado a algo que puede dominar. Debido a que nunca aprendió que tenía el poder o la capacidad para hacerlo, permanece controlado por alguien a quien él de un tirón puede aniquilar.

Dominado por algo o por alguien al que puede vencer. Atado a una conducta aprendida.

Fue amaestrado, se le enseñó a ser incapaz de usar su fuerza. Su entrenador lo tomó cuando era joven y lo amarró a aquella cadena atada a su suelo. No le enseñó supervivencia, sino dependencia y esclavitud. Aprendió a vivir anclado a un diseño que no le correspondía. Ya no lucha por ser libre. Lo más probable es que de pequeño luchó por liberarse y no lo logró. Aquellos intentos fallidos llevaron un mensaje a su cerebro de que no podía liberarse y tendría que vivir siempre cautivo a aquella cadena. Incluso vive feliz en un mundo pequeño y restringido al que cree que pertenece. Dotado de capacidades para vencer a otros, creció y vive siendo vencido, por tan solo, un gesto de su instructor.

Creció atado a una estaca. Dejó de insistir por su libertad. Aquel que era menos fuerte que él, lo amaestró, haciendo que actuara como un ser al que usaba a su antojo y muy diferente a su diseño original. Un animal salvaje, sumamente inteligente, viviendo siempre domesticado por un sentimiento aprendido de impotencia. Un espíritu libre llevado a la cautividad. Una especie salvaje sobreviviendo fuera de su hábitat como una mascota mansa, sin posibilidades de pelear para derrotar a su enemigo. Fiel a un entrenador injusto que lo usó indebidamente para ganar fama y dinero. Condenado a la dependencia. Conforme en un pequeño mundo que no se comparaba con la selva vasta y majestuosa que Dios había creado para él.

Los científicos describen al elefante como verdaderos ingenieros de los ecosistemas desempeñando un papel clave en los hábitats donde viven y pueden ayudar a mantener el equilibrio de la biodiversidad en los ecosistemas que comparten con otras especies. En una jaula, en un escenario que una mente limitada creó para no dejarlo ser más poderoso, no puede usar al máximo esas habilidades que posee.

Yo fui como ese elefante. A mí no me amarraron, sino que yo misma me amarré. Me até a un sentimiento de impotencia. Tracé una línea amarilla que me mantenía actuando completamente diferente al diseño de Dios para mi vida. Con la capacidad para lograr muchas cosas, pero confinada al "no puedo". Dotada de talentos y capacidades en desuso.

Enclaustrada a un sentimiento aprendido, dominada por lo que podía dominar. Tuve ante mí el mejor ejemplo de valentía, de fuerza, fe y confianza en Dios que me modeló mi madre, más yo permanecí creyendo que había una línea amarilla de "prohibido el paso para mí". Viví mucho tiempo sin cruzar esa raya autoimpuesta, estancada sin posibilidades de alcanzar los sueños que me prohibí hacer realidad.

Hasta que un día rompí con aquel sentimiento de impotencia.

El creador habló a su creación y le dijo: "este no es tu diseño". El diseñador le hizo ver a su concepción lo que había más allá de la línea amarilla. Tiré de la cuerda que me mantenía estancaba y descubrí que podía ser libre. Pisé fuera de aquella marca autoimpuesta y dejé de verme como antes me veía. Crucé los límites de la timidez, del miedo al fracaso, de los complejos de inferioridad, de los apegos, y empecé a salir del circo en el cual me movía como otros me decían que me debía mover.

Fui dominada por mis circunstancias, hasta que aprendí a ir por encima de ellas.

Dejé de contemplar la impotencia como un fracaso, y comencé a considerarla una voz de alerta. Ahora veo el sentimiento de impotencia como un indicativo de que me falta algo por aprender. Pensar en "no puedo', es ahora un aviso de guerra y no un síntoma de fracaso. Tengo que luchar contra aquello que se resiste a cambiar en mí, contra lo que se quiere adaptar a un estado de derrota y de acomodo razonable.

> *"Fui dominada por mis circunstancias, hasta que aprendí a ir por encima de ellas."*

A partir de ese episodio, cuando me siento impotente, es la notificación a mi vida de que tengo que hacer que algo cambie. Sentirme impotente es una orden de desalojo. No me puedo acomodar. No puedo ajustarme a ese estado, tengo que buscar la manera de salir de esa situación que me quiere amarrar a una condición que es temporal y permitida en mi vida para ser la alfombra que mis pies pisarán. No hay líneas amarillas que me aten a un diseño inferior al que Dios ha determinado de antemano para mí. Dejé de verme vencida y empecé a luchar contra los linderos de depresiones y ansiedades que no son parte de mi identidad.

Tengo el coraje para hacerlo y Dios me ha dotado de la capacidad para lograrlo.

Se que quién único puede impedir que pase de la impotencia a la acción soy yo misma.

Modifiqué mi vocabulario y ya no pronunció: "no puedo", sino que siempre digo: "seguiré intentando". Me solté de aquello que me mantenía por debajo de mi rendimiento intelectual y mis capacidades.

Soy libre, bendecida y productiva.

Contengo algo para la expansión del Reino de Dios y su justicia. Soy vasija útil: recipiente de un propósito hermoso que debe cumplirse.

Jocabed tuvo que haberse sentido impotente ante aquella raya mortal que el faraón dibujó para el fruto de su vientre. No enfrentaba a cualquier enemigo, sino al hombre con más poder en su tierra. Armado y respaldado por todo un ejército de soldados con instrucciones claras de ir a arrebatarle a su pequeño recién nacido. Cuando sus ojos lo vieron, supo que había propósito de Dios para la vida de su vástago y decidió cruzar las líneas amarillas que le habían impuesto. Solo a través de un conocimiento pleno de Dios y de su palabra podremos considerar aquello que amenaza nuestras vidas como lo que Dios usará para impulsarnos a nuestro destino profético. La impotencia de no tener las armas, estrategias de guerra ni autoridad para hacerlo, activaron una alarma en su interior. Ella se armó de valor, cruzó la zona de peligro para llevar a su hijo a la libertad.

Jocabed es sin lugar a duda, esa mujer en la biblia que, a pesar de haber pasado miles de años, sigue hablándonos a todas las mujeres que enfrentamos crisis que nos hacen sentir impotentes. Hay mucho que aprender de ella, sobre todo que nunca dejemos que alguien nos ate a un estado de derrota, incapacidad y baja autoestima que Dios no ha diseñado para nosotras.

Cuando Dios sopló vida en una mujer, la observó y concluyó que era una creación buena en gran manera. Vienes diseñada para ser el sello de la creación. El plan del creador con la mujer era completar lo que sus ojos vieron incompleto.

Allí en el Edén, el Divino Creador lo observó todo y vio que faltaba algo. Cuando Dios concluyó que no era bueno que el hombre estuviera solo, estaba diseñando en su mente lo que vendría a completar su maravillosa creación, no para que ahora subestimemos lo creado, sino para que entendamos la responsabilidad que como mujeres tenemos y estamos llamadas a cumplir.

Saca "la jocabed" que llevas dentro de ti. Cancela esos códigos de dependencia establecidos en tu mente. Gánale al Faraón. Arrebátale el triunfo. No dejes que ahogue tu semilla. Tira de la cuerda que te ató a un estado no diseñado por Dios para ti. Hay en tus manos la capacidad para entretejer tu victoria. Cruza la línea amarilla y descubre la dama de la libertad que alcanza su victoria y se mantiene firme, avanzando a su propósito y dejando un legado de libertad para su generación.

> *"Está en tus manos la capacidad
> de entretejer tu victoria."*

CAPÍTULO 12

Marca

tu

generación

... porque serán linaje bendito del SEÑOR,
y de igual manera sus descendientes.

Isaías 65:23 (RVC)

Hay damas de la libertad en nuestra sociedad...
Hoy y ahora. Hablo de mujeres que tuvieron que
luchar contra viento y marea para ver germinar
sus semillas. Mujeres que decidieron no rendirse ante las
circunstancias, muy adversas en ocasiones, que les tocó
vivir. Optaron por creerle a Dios y al poder de la semilla
sembrada en su vientre. No permitieron al actual Faraón
ni a todos sus secuaces, ahogar sus sueños ni quemar sus
proyectos. Mujeres luchadoras, guerreras sin armas letales,
pero equipadas con el armamento divino. Pertrechadas por
el cielo, porque creyeron a Dios por encima de toda estrategia o pronóstico del enemigo.

¿Conoces alguna Jocabed de este siglo?

Yo conozco a varias, y me encantaría honrar a cada una
de ellas. Quiero cerrar este libro con el relato de una auténtica Jocabed del siglo XXI. Su nombre es una variante de
Ana, cuyo significado es "llena de la gracia de Dios". Y ella
lo es... Exhala pura Gracia del cielo.

Conocí a Annette Rodríguez hace varios años y entre
nosotras se fraguó algo más que una amistad. Somos cóm-
plices, nos mentoreamos mutuamente. Entre ambas prevalece el respeto y nos congregamos en la misma tierra...

Pues la iglesia en la que perseveramos se llama "Territorio Jireh".

El hijo de Annette es considerado para mi familia como un hijo más, lo amamos y lo apoyaremos hasta ver cumplido el propósito de Dios en su vida. Yo la llamo "la Jocabed de Territorio Jireh".

En su trabajo llaman a mi amiga "la enfermera que ora". Allí es reconocida por orar por sus pacientes y cuidarlos con excelencia.

Noche tras noche de las salas de emergencia surge la voz de una dama vestida de blanco que repite a quienes llegan buscando ayuda médica: "Todo va a estar bien, Dios aún hace milagros".

Ver cumplido su anhelo de titularse como enfermera, no fue para ella sencillo, le costó muchas lágrimas y sacrificios, ya que nuestra Jocabed no nació en cuna de oro, sino en una familia muy humilde de los campos de Naranjito, Puerto Rico.

Conoció al Señor siendo niña, pero en su temprana juventud se apartó de Él. Nuestra Jocabed a sus dieciséis años caminaba sin rumbo, ni dirección, pero aun así reconoce que las misericordias y el cuidado de Dios la seguían y la alcanzaban preservando su vida. Se graduó de enfermería, pero enfrentó la frustración de no aprobar su examen de reválida, y en consecuencia, no podía ejercer la anhelada profesión para la que con tanto esfuerzo, estudió.

Ese examen no superado supuso un edicto de muerte para que nuestra dama de la libertad no alcanzase a la ingente cantidad de vidas que hoy son cuidadas e influidas por una mujer que no le teme a nada ni a nadie en cuanto a orar se refiere. Su vida es testimonio de lo que la oración puede hacer en aquellos y a través de quienes le creen a ese poder y lo ejecutan.

La decepción resultante de esa prueba no cubierta, la llevó a tomar decisiones erróneas. Los valores y principios de rectitud que sus padres le inculcaron pasaron a un segundo plano, optó por ser ella misma la artífice de su futuro, y esa actitud, con el paso del tiempo trajo sus consecuencias.

Así, alejada de Dios, con enormes vacíos imposibles de llenar, conoció al padre de su hijo. Fue un espejismo que pronto la dejó sumida en un terrible desierto, una relación de la que salió lastimada, quebrantada, defraudada como mujer, perdida, llena de incertidumbres y de rencor, pero con una semilla en su vientre, fruto de los buenos momentos y del amor que por aquel hombre sintió.

Nunca le faltó el buen consejo de los suyos, pero en su caminar lo había abandonado todo, y a todos había dejado, en aras de lo que entendía ser lo mejor para su futuro. Y en ese afán de abandonar, también dejó su tierra, Puerto Rico, creyendo que lejos de los suyos tendría mejores oportunidades para encontrar su felicidad. Finalmente descubrió, frustrada y con mucho dolor, que lejos de Dios toda felicidad es efímera.

Tal como llegó, aquel sucedáneo de felicidad se fue, y lo que comenzó siendo una relación amorosa, se tornó en un aguijón que la hirió severamente. Desgastada la seda del amor, apareció el áspero roce que dañaba, pero también quedó, encapsulada en su vientre, una semilla que Dios determinó preservar y proteger.

Hubo abundantes lágrimas en el proceso, mucho dolor. La madre enfrentaba tormentas, pero el instrumento de sanidad se gestaba en su vientre.

Annette, una mujer humilde, devastada por las crisis enfrentando a un Faraón de circunstancias que pretendía terminar con su vida y la de su hijo, cargaba dentro de ella el instrumento de libertad.

Era una mujer destinada a las alturas vagando por pasillos de fracaso, pero Dios tenía para ella una colección de vidas a las que ayudaría para que vencieran a la misma muerte, mediante sus cuidados y oraciones.

Annette descubrió, al igual que Jocabed, que ante una semilla destinada a quebrar yugos de esclavitud y ciclos de inestabilidad, Faraón desplegará su furia.

El hombre al que amó se erigió en su faraón. El padre de su hijo no supo valorar a la mujer que daría forma y longitud a su genealogía.

Cada una enfrenta su particular Faraón, puede ser aquel hombre a quien amamos, pero también podemos ser nosotras mismas, por ejemplo, al rendirnos y no querer recomenzar la vida tras el fracaso de una relación amorosa.

Así le ocurrió a Annette, tras enfrentar al primer Faraón que quebró sus sueños, ella mismo se alzó en el verdugo de su propio destino... Hasta que percibió el latido vital en su vientre. Entonces, la mujer maltratada, subestimada y frágil dejó de serlo, determinada a luchar por esa vida que se gestaba.

Allí, donde sentimos que todo se acaba, que nos cortaron las alas y ya no volveremos a volar.

Allí, donde nuestra conciencia acusa, responsabilizándonos de un pésimo presente, por las malas decisiones tomadas en el pasado.

Allí, donde no le hallamos sentido a la vida... Allí mismo es donde la semilla que crece en el vientre se transforma en

aliciente y nos da nuevos bríos, abre puertas que ya había-
mos cerrado y saca a la guerrera que aguardaba dentro,
lista para luchar por aquello que el enemigo quiso cancelar,
pero que Dios decidió validar.

Cuando Annette supo que en su vientre había vida,
entendió que era urgente salir de aquella tierra. Llegó allí
fuera de la voluntad de Dios y supo que no era el lugar
oportuno para que su semilla germinara.

Era el momento de bogar contra la corriente.

Annette abandonó el lugar que había considerado tierra
de oportunidades (Connecticut, USA), pero resultó ser tierra de aflicción. Sin embargo, no salió sola.

Perdió mucho, pero ganó algo maravillosamente grande.

Vio sus sueños interrumpidos, pero frente a ella apareció una página en blanco que enseguida llenaría con los
preciosos recuerdos que junto a su hijo crearía.

Salió con su estima en deterioro, pero con un tesoro de
incalculable valor en su vientre.

Sin el hombre que una vez amó, pero con el hombre que
amaría por toda su vida en su vientre.

Sin el hombre que casi la destruyó, pero con el hombre
que la alzaría a la posición de mujer, reconstruida, libre y
libertadora.

Annette no solo se alejó de aquella tierra y del hombre
al que una vez amó, sino que también se alejó de la mujer
que aceptaba con cobarde resignación todo lo que sucedía,
e incluso creía merecer aquella relación hostil y denigrante.
Escapó de la mujer que aceptaba el no ser valorada, ni res-
petada, devastada por una mala decisión y decepcionada
por no haber logrado una relación amorosa de éxito.

Ella trazó su plan, y con la ayuda de Dios salió de aquel encierro que la consumía. Huyó del peligro. Se negó a ver ahogada su semilla. Puso distancia de aquella tierra de peligros y buscó refugio con su familia en Puerto Rico. Determinó que su hijo no crecería en aquel ambiente hostil e insano que ella había tolerado.

Poco tiempo después de establecerse en Puerto Rico, el padre de su hijo también decidió regresar e intentaron restablecer la relación, pero él no había cambiado. No había dejado de ser su faraón, así que esta vez no huyó de él, sino que lo despidió y cortó definitivamente todo vínculo. Semejante actitud hirió el orgullo de aquel varón que jamás pensó que un día ella lo sacaría de su vida para siempre. Se fue indignado ante aquella decisión absoluta de jamás volver a cederle terreno para repetir la misma historia. Annette rompió con aquel ciclo de dependencia emocional y de maltrato físico que anteriormente había permitido. El fin de la relación fue rotundo. Jamás volvería a permitirle formar parte de su vida y dañar nuevamente su corazón. Solo una cosa le permitiría: ser parte de la vida de su hijo.

Pero él no lo hizo. Nunca construyó una relación con su hijo, ni estableció un vínculo con él. Fue así como una mujer sin fuerzas, marcada por un pasado de dolor, comenzó a entretejer junco con junco la embarcación que llevaría a su Moisés, así se llama su hijo, a la libertad. Él venía con un futuro profético de libertad, pero ante las circunstancias adversas que enfrentaría en su nacimiento, tenía que surgir la dama de la libertad que yacía escondida en aquella mujer agotada, devastada, decepcionada y sin recursos para seguir adelante. No tenía nada, solo una semilla con promesa de vida y propósito que se gestaba en su vientre y ella tenía que diseñar el vehículo que lo preservaría y lo convertiría en un adorador excepcional.

Cuando una mujer sabe que Dios le ha dado la oportunidad de dar vida y de cuidarla, no hay reválida que la detenga. Comenzó a trabajar, no como enfermera, pero sí como representante de servicios para una compañía de equipos médicos. Trabajando en ese lugar Dios le permitió establecer una bonita amistad con un varón que asistía a Territorio Jireh, nuestra iglesia, quien la invitó para la presentación de su pequeña hija.

Moisés, con tan solo diez años, llegó a Territorio Jireh de la mano de su madre sin saber ambos que allí Dios cumpliría sus propósitos eternos. En ese lugar Annette vio sus sueños resucitar. Allí Dios reconstruyó a aquella mujer fragmentada. Como una ostra sumida en el fondo del mar y gravemente herida, vio como sus lágrimas convertían en una perla al agente destructor, esa perla era un hijo que hoy es uno de los adoradores de nuestra iglesia. Tomó nuevamente el examen de reválida y aprobó, abriéndole puertas para ejercer la profesión que tanto anhelaba ejercer.

Annette es un ejemplo de que la mujer que le cree a Dios y conoce Sus promesas, avanza a pesar de los edictos de muerte que puedan dictar los faraones de nuestro tiempo.

Es la enfermera que ora... No solo brinda sus servicios de salud, sino que intercede con poder a favor de ellos.

¡Jocabed del siglo XXI! ¡Una verdadera dama de la libertad!

Acerca de mí:

Mi nombre es María del Carmen Gueits Gallego. Nací en el barrio Marueño en Ponce, Puerto Rico. Soy hija de Julio E. Gueits Rivera y Ana María Gallego Negrón. Hermana de Julín, Pedro, Ivonne, Ramón, Petra, Adrián, Ángel y Rey. Me casé el 19 de julio de 1997 con Luis Colón Medina y tengo dos hermosos hijos: Amy Enid y Luis Daniel.

Recibí al Señor en mi corazón el 28 de diciembre de 1987 en la Iglesia Cristiana Peniel, pastoreada en aquel entonces, por el Rev. Santana Maldonado. Actualmente mi familia y yo somos parte de Territorio Jireh, en Caparra Terrace, Calle 7 Esq. 18, San Juan, Puerto Rico, desde hace 25 años, pastoreados por Waleska Méndez.

Estudié pedagogía y amo mi profesión. Creo en el magisterio. Ser maestra es un honor y un verdadero privilegio. Uno de mis objetivos a través de la escritura y publicación de libros es ejercer ese llamado ministerial que Dios hizo a mi vida y que responsablemente me preparé para ejercer. No creo que actualmente existan límites para un maestro que desee ejercer en su máxima expresión el ministerio que Dios le dio. En un mundo con tantos avances tecnológicos el maestro tiene a su disposición multitud de maneras de llegar a otros y sembrar la Palabra que nunca retorna vacía.

La pandemia de COVID 19 me exigió reinventarme como maestra. Lejos de un aula con pizarrón y pupitres, hemos podido llegar a la comodidad del hogar de personas que están al otro lado del universo. Nos separa un océano, pero nos une la grandeza de un Dios que desea que lleguemos a vidas, sembrando palabra de fe y esperanza.

Mi meta es cumplir el propósito de Dios en mi vida. Enseñar lo que he aprendido de su Palabra. Donde no pueda hacerlo, allí no debo estar.

Por eso firmo mis libros con el nombre que me dieron mis padres, pero con el llamado que Dios ha hecho a mi vida. *"Soy la Profesora María del Carmen Gueits Gallego"*. Ese es mi nombre, y ese es mi llamado.

Soy quien Dios dijo, desde antes de mi nacimiento, que sería. De niña jugaba a ser maestra, y de adulta lo soy. Dejaré a mis futuras generaciones los sublimes tesoros que he descubierto en las páginas de la Biblia y mis sencillas, pero valiosas enseñanzas.

Otros libros de la autora:

◇◇◇◇◇◇◇◇◇◇◇◇◇◇◇◇◇

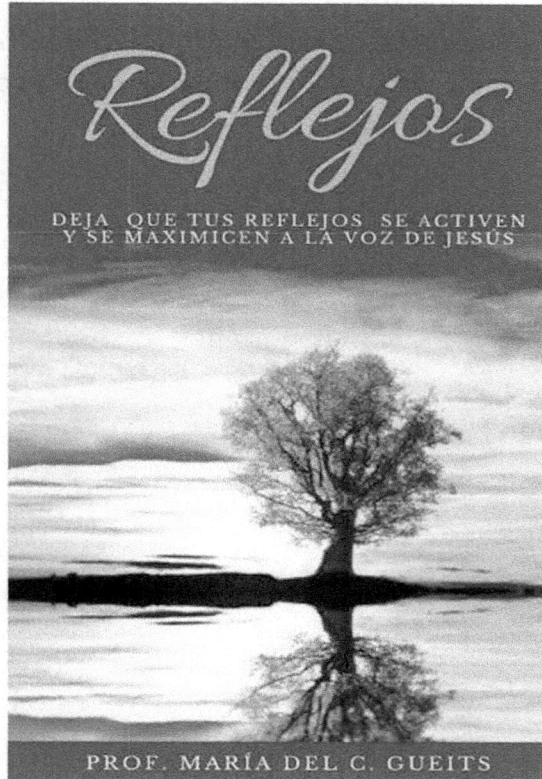

Reflejos

DEJA QUE TUS REFLEJOS SE ACTIVEN
Y SE MAXIMICEN A LA VOZ DE JESÚS

PROF. MARÍA DEL C. GUEITS

Reflejos es un libro que despertará al gigante que tienes en tu interior. Nada grande se ha logrado por sí solo. Todos llegamos a este mundo a complementar a otros. Aquí encontrarás respuestas fáciles a interrogantes complicadas. Te sentirás intrigado al ser llevado por un recorrido de grandes experiencias. La profesora María del Carmen Gueits une la emoción, experiencia y enseñanza para que puedas entender lecciones efectivas en una narrativa ágil.

Reflejos es una guía para todo aquel que desea alcanzar un mayor nivel de impacto en su vida.

De venta en Amazon:

https://www.amazon.com/dp/B08FXMH36R/ref=cm_sw_r_cp_api_glc_fabc_XV93FbB2N5H64?_encoding=U-TF8&psc=1

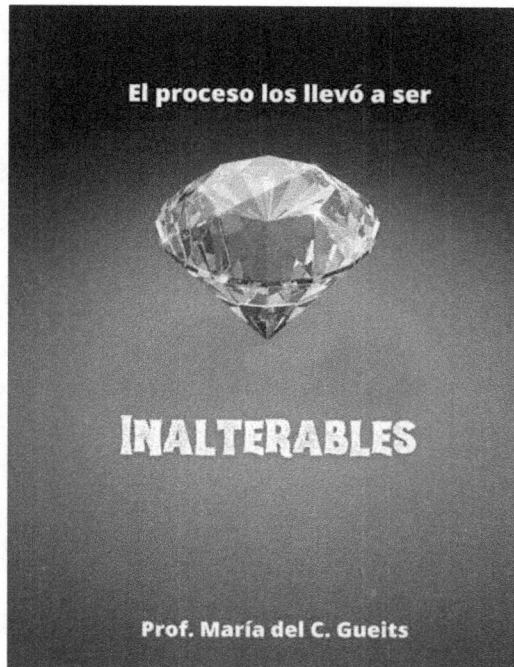

Fueron escogidos por Dios para ser inalterables. No eran perfectos, cometieron errores, incluso pecados y algunos hasta negaron a Dios en momentos dados. Fueron inalterables porque a pesar de todas las dificultades que pasaron alcanzaron su propósito en Dios. Su amor a Dios, por encima de todas las cosas, los hizo vencer obstáculos y adversidades. Ellos nos dejaron huellas para que las sigamos y lleguemos a alcanzar la meta final. ¡Bienvenidos a un viaje transformador y renovador a través de hombres y mujeres inalterables en Dios!

De venta en Amazon:

https://www.amazon.com/dp/B09C19JLQD/ref=cm_sw_r_awdo_navT_a_5DJM8QPBK3Y911KH3KVP

Información de contacto

◇◇◇◇◇◇◇◇◇◇◇◇◇

Para contactar a la autora para conferencias, testimonio, estudios o predica y conseguir ejemplares del libro, puede comunicarse con la Sra. Karenny Hernández, colaborada y asistente gerencial de Reflejos al:
1-(787)-430-1167 y/o 1-(787)-667-2924
Email:
profgueitsreflejos@gmail.com
profesorgueits3110@gmail.com
Página en Facebook: Reflejos by Prof. María del C. Gueits
@profesoragueits2020
Si desea visitar nuestra iglesia, Territorio Jireh, estamos ubicados en la Calle 7 Esq. 18 de Caparra Terrace, Puerto Nuevo, San Juan, PR
Domingos -Culto de Adoración 10:00 AM
Martes-Oración y Estudio Bíblico SeSal Jueves-Noches de Adoración